#PAREM DE NOS MATAR!

CIDINHA DA SILVA

#PAREM DE NOS MATAR!

CIDINHA DA SILVA

KUANZA PRODUÇÕES   Pólen

1ª reimpressão

Copyright © 2019 Cidinha da Silva

Todos os direitos reservados à Pólen Livros, e protegidos pela Lei 9.610, de 19.2.1998.
É proibida a reprodução total ou parcial sem a expressa anuência da editora.

Este livro foi revisado segundo o Novo Acordo Ortográfico da Língua Portuguesa.

Capa e projeto gráfico
Rodrigo Kenan

Foto da autora
Pierre Gentil

Edição
Cidinha da Silva e Lizandra Magon de Almeida

Revisão
Cecília Floresta
equipe Pólen Livros

Dados Internacionais de Catalogação na Publicação (CIP)
Angélica Ilacqua CRB-8/7057

Silva, Cidinha da
  #Parem de nos matar! / Cidinha da Silva. -- São Paulo : Pólen, 2019.
   192 p.

ISBN 978-85-98349-84-8

1. Negros - Brasil - Condições sociais 2. Negros - Racismo 3. Relações raciais - Negros - Brasil 4. Crônicas brasileiras I. Título

19-1264   CDD 305.896081

Índices para catálogo sistemático:
1. Relações raciais - Negros - Brasil

Este livro é de Sueli Carneiro, que me fez nascer pela segunda vez ao me tirar de uma vida de horizontes curtos e burocráticos consumidos no trabalho de apenas sobreviver (apesar dos vinte anos). A ela, Sueli Carneiro, serei grata por todas as vidas que me forem dadas a viver, porque nesta, sem que me conhecesse direito, ela me ofereceu água fresca, comida para o espírito, tela e ferramentas para xilografar minha história.

É também das mulheres e homens da organização "Reaja ou será morto! Reaja ou será morta!", que, uma década antes de Beyoncé insurgir-se contra as mortes de negros estadunidenses levadas a cabo pela polícia, colocaram a cara no sol, no vento e na chuva, na mira de escopetas, fuzis e viaturas da Rondesp, e gritaram, cheios de coragem, desejo de viver e compromisso de não esquecer nossos mortos #Parem de nos matar!

Este livro quer prestar honras à Sueli Carneiro e à organização "Reaja ou será morto! Reaja ou será morta!".

É um livro dedicado também à memória dos nossos mortos, abatidos pelo projeto racista da necropolítica.

Quantos mais vão precisar morrer para que essa guerra acabe?

Marielle Franco, em um tweet,
no dia anterior àquele em que tiraram sua vida.

· Sumário ·

Prefácio 14

Sobre os que juntam vinténs na microeconomia do carnaval 19

Uma Michelle incomoda muita gente, duas Michelles
incomodam muito mais... 23

Mr. Brau e Michelle, o casal odara 25

Letramento racial: o caso Fernanda Lima e as babás negras 29

A *selfie* de Dieckmann e Casé com as empregadas
e o contexto sociocultural das domésticas no Brasil 32

Antônio Pompêo e o desejo cerceado de ser artista pleno 35

O palpiteiro e as cotas 41

O espírito dos ataques raciais à jornalista Maria Júlia Coutinho 44

Dunga x Maria Júlia Coutinho 49

Naquele dia a tela do *Jornal Nacional* ficou negra 51

A Globo e o racismo 55

Coração suburbano também fere e se locupleta da
estigmatização das negras 58

Rastro de pânico do racismo brasileiro 64

O boicote dos negros à festa branca do Oscar 66

O mérito do Oscar 2016 foi debater o racismo na indústria cultural 69

Chris Rock e o riso amarelo da plateia branca do Oscar 72

Os motoristas de ônibus e a família negra de carroceiros 76

Os negros nos protestos antidemocráticos pré-golpe parlamentar 78

Os negros nos protestos democráticos pré-golpe parlamentar 80

A vizinha, a presidenta e o Clark Kent da Boca Maldita 83

Papo reto: baile de favela em Copacabana com milhares de Silvas ... 86
Mirian França, uma farmacêutica negra ... 89
Não vai ter mamão com açúcar, neném! ... 93
Ano novo! Vida nova? ... 95
Matias e o boneco de *Star Wars* ... 97
Racismo institucional em quatro atos ... 99
Mais um na lista dos incontáveis invisíveis ... 103
Quando a polícia mata negros no Brasil e nos Estados Unidos ... 104
Resposta a uma pergunta cínica ... 107
Quando a palavra seca ... 111
Obituário de uma lembrança ... 113
Guarda-sol e guarda-chuva ... 115
As duas vidas de Vinícius Romão ... 117
Quanto mais negro, mais alvo! ... 119
Desde dentro ... 121
Na Nigéria, 276 meninas sequestradas, 2 mil mortos em Baga, e o olhar do mundo fixado em um atentado na França ... 124
O recado dos linchamentos ... 126
Me deixa em paz! Eu não aguento mais! ... 128
Nazis soltos! Rolezinhos no corredor polonês! ... 131
Política de confinamento x direito à cidade ... 133
Quando a execução sumária é legitimada como gol de placa no campeonato de extermínio da juventude negra ... 136
Os meninos do Morro da Lagartixa ... 139

Marcha do Orgulho Crespo + Marcha das Mulheres Negras 142
Marcha das Mulheres Negras 2015 145
Aos que ficam nos portões do Enem 148
Quem tem medo da universidade negra? 150
Cobertura da Eurocopa 2012 154
O Kong se virou contra o feiticeiro 156
Santo deus das bananas, olhai por eles! 159
"Aquela palavra macaco não foi racista, foi no embalo do jogo" ... 162
Pelé e a consciência negra, ou estamos por nossa própria conta... 164
Lágrimas de homem abalam o machismo no futebol. E o racismo?
Voa impávido em céu de brigadeiro! 165
Unidade latino-americana sem negros não serve 168
Futebol brasileiro e ética 169
A vitória dos garis no Rio de Janeiro 171
Tempo novo! 172
Engravidei, pari cavalos e aprendi a olhar salões
populares de beleza com ternura 175
Territórios negros no carnaval globalizado 177
A menina dos olhos de Oyá exuzilhou o racismo religioso na avenida ... 179
Liberdade, par perfeito da arte 183
Alguma poesia para chamar o sol e saudar as águas 185
Posfácio 187

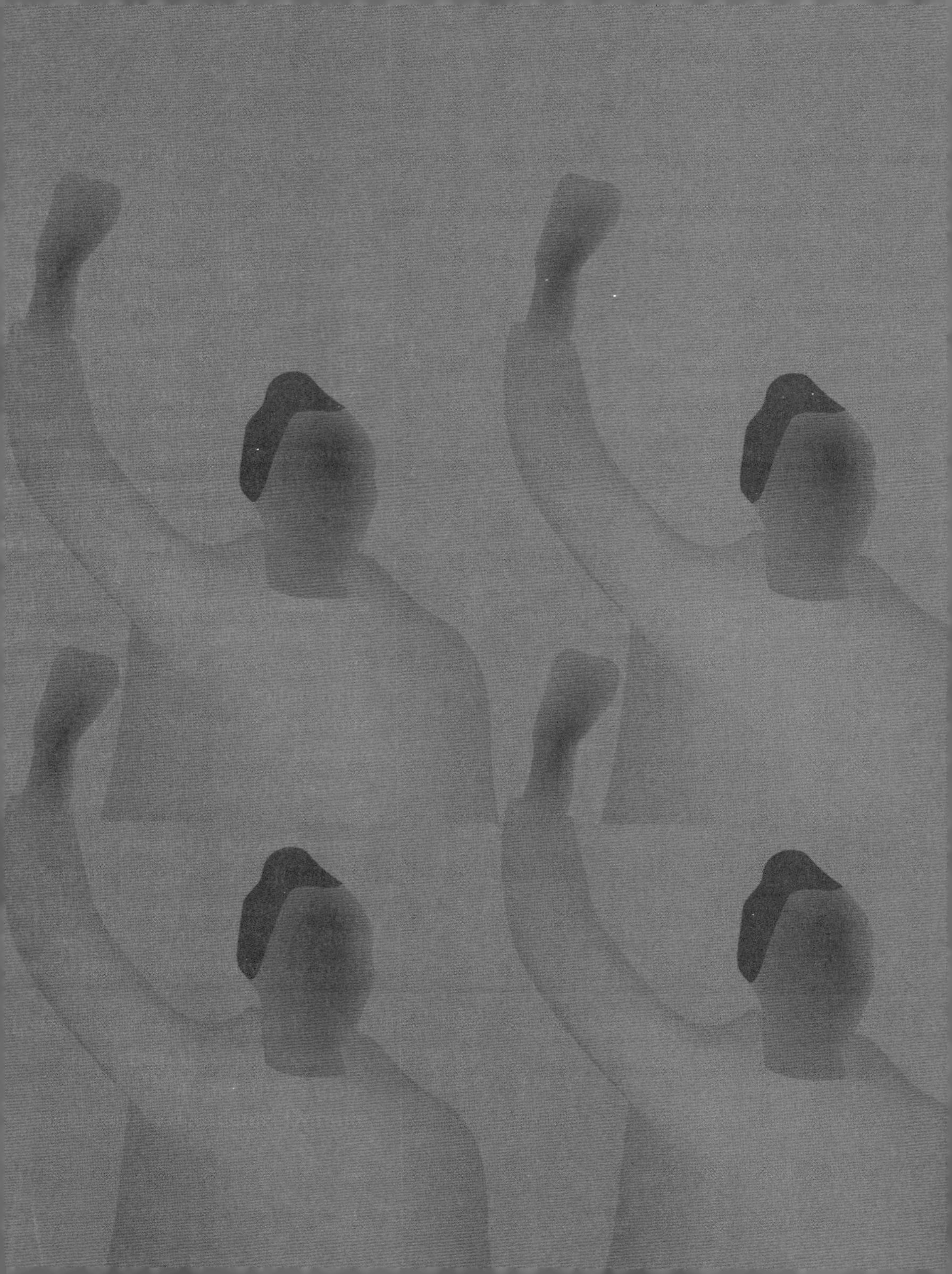

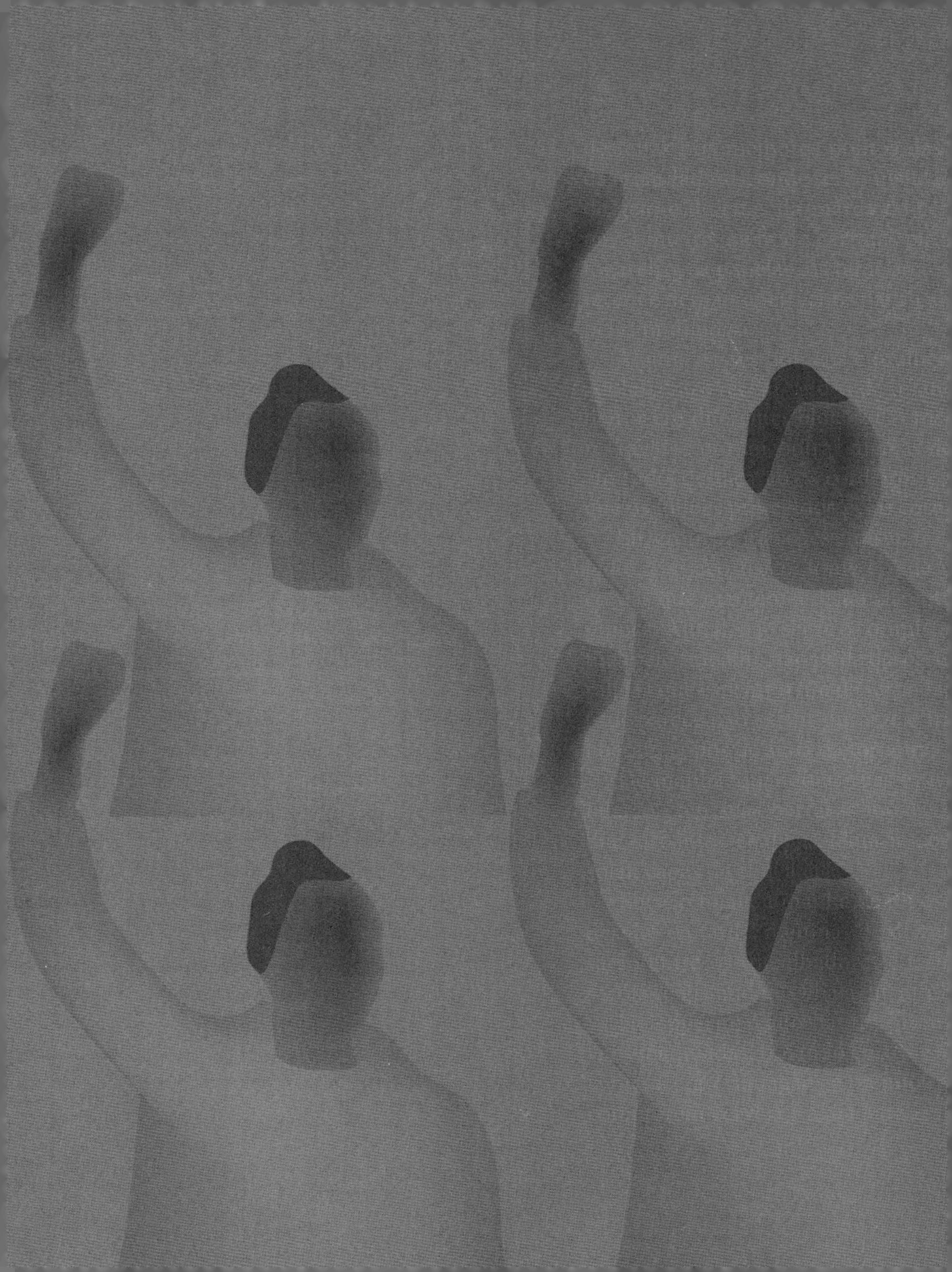

· *Prefácio*

TEMAS CAROS AOS DIREITOS HUMANOS NA CRÔNICA DE CIDINHA DA SILVA
Sueli Carneiro

A carreira de escritora de Cidinha da Silva coexiste com a ativista pelos direitos humanos com foco privilegiado nas questões de gênero e raça, cujo florescimento acompanho desde os dezenove anos de idade, quando chega a São Paulo decidida a conquistar essa cidade e, a partir dela, o país e o mundo. Não estou exagerando, não! Quem a conhece sabe que ela tem uma autoestima de fazer inveja a qualquer argentino ou nigeriano. Por que acreditamos nela? Porque ela não blefa!

Percebi que estava diante de uma promessa que logo se confirmaria quando a conheci ainda no início da universidade, numa das edições do Tribunal Winnie Mandela, promovido por Geledés. Cinco anos depois, ao incorporá-la às estratégias do Programa de Direitos Humanos de Geledés, sob minha coordenação, em poucos anos se iniciaria uma jornada singular de ativismo político que articularia pela primeira vez uma parceria estratégica entre uma organização da sociedade civil, uma empresa e um órgão governamental, na execução do primeiro projeto de ação afirmativa do Brasil, o Geração XXI, nos idos dos anos 1990, sob a liderança de Cidinha da Silva.

Idealizado pela Fundação Bank Boston, administrado pelo Instituto Geledés e com o apoio governamental da Fundação Cultural Palmares, do Ministério da Cultura, o Geração XXI começou no início de 1999, quando vinte e um estudantes negros de idades entre treze e quinze anos passaram a estudar em escolas particulares e a receber acompanhamento pedagógico, vale-refeição, bolsa mensal e assistência médica e odontológica, além de ter acesso a um vasto programa de formação cultural.

O projeto, exitoso, cumpriu sua intenção inicial de impulsionar o debate e multiplicar experiências de ações afirmativas, sobretudo nas empresas, e está na origem das experiências corporativas nesse campo, além de expandir as perspectivas da missão institucional de Geledés, notadamente na área de educação que, desde então, tornou-se um programa estrutural da organização, coordenado por Cidinha ao longo de vários anos.

Inquieta e fiel à volição interior que a impulsiona a novos desafios e ao perfeccionismo, Cidinha abandona sem pena lugares de conforto de uma ativista reconhecida, que desenvolveu experiências exemplares e inovadoras no campo dos Direitos Humanos, notadamente a esfera da educação, para a promoção da igualdade de oportunidades e que ousou, também, ser o quadro mais jovem de Geledés a candidatar-se e tornar-se presidente da nossa organização.

A literatura já se impunha como um chamado a ser atendido com a mesma urgência daquela que conhecemos quando estamos sob coação de orixá e que somente a feitura resolve! Assim, me parece, foi sua entrega à literatura, que me fez temer que a talentosa escritora subsumisse ou inviabilizasse a intervenção sócio-político-cultural de uma das lideranças emergentes mais destacadas de sua geração.

Porém, longe de evadir-se de suas origens e compromissos de ativista, a veremos ampliar sua intervenção em contextos mais amplos e firmar-se como formadora de opinião para diferentes públicos, como atesta a sua presença na web e nas redes sociais. E é nesse território que podemos encontrá-la exercitando todas as suas potencialidades de pensadora negra.

No artigo "Letramento Racial – a saga" (versão publicada no *Portal Geledés*), Cidinha demarca de forma inequívoca seu compromisso e sua responsabilidade com a causa racial, afirmando-se "obrigada a continuar escrevendo sobre racismo, branquitude e privilégios raciais", o que decorre da certeza do papel social e político que exerce como escritora negra que não pode "se furtar" a seguir escrevendo sobre esses temas, pelo menos, como afirma, "até que esse estado de coisas mude de maneira substantiva".

É assim que Cidinha vem enfrentando as diferentes dimensões da questão racial, como a intolerância religiosa tratada com apuro estético em textos como "A menina dos olhos de Oyá exuzilhou o racismo religioso na avenida". Entre vários elogios de seguidores do *Portal Geledés*, ressalto este do padre Mauro Luiz da Silva, da Arquidiocese de Belo Horizonte, que assim se manifesta: "Nenhuma novidade pra quem já se acostumou com a perfeição estética e literária de Cidinha da Silva, a quem tenho orgulho de chamar de amiga e inspiração, e a quem confiei meu letramento racial".

Cidinha se empenha especialmente em revelar com toda a sua argúcia as complexidades do racismo e do sexismo, ideologias perversas que se desdobram em outra multiplicidade de temas que têm sido esquadrinhados pedagogicamente em seus artigos, em suas pílulas de letramento racial e em suas crônicas. Não lhe têm escapado os assuntos mais espinhosos, em relação aos quais muitos silenciam, e que agora estão reunidos neste volume, a saber: a violência racial e policial, os autos de resistência, a redução da maioridade penal, o genocídio do povo negro, a violência de gênero.

Sobre essas questões, não há nenhuma tergiversação, tal como ocorre no artigo "Os meninos do Morro da Lagartixa", que discute o fuzilamento de cinco jovens negros pela PM do Rio. As responsabilidades e conivências são expostas sem medo ou reservas. Diz Cidinha:

> O secretário de Segurança Pública do estado do Rio de Janeiro, José Mariano Beltrame, se pronunciou e eximiu a Corporação Militar de responsabilidades, haja vista que em sua opinião não se trata de um problema de despreparo profissional por parte dos responsáveis pela matança. Trata-se de um problema de caráter dos matadores.
> Assim fica fácil! Alivia-se a barra da Corporação. Difícil mesmo foi a vida dos rapazes assassinados, que nunca gozaram de garantias constitucionais básicas. Difícil será a vida das famílias que precisarão administrar dores, revolta e desamparo, sem tempo para o luto,

porque, se fraquejarem, seus mortos apenas engrossarão a cifra das 82 vidas de jovens negros perdidas a cada dia no Brasil.

O problema da carnificina de Costa Barros é que a Polícia Militar é o braço armado do Estado, autorizado a matar, a exterminar jovens negros e pobres, quilombolas e indígenas, moradores de favelas, periferias, palafitas, alagados e todos os demais quartos de despejo do Brasil endinheirado e branco.

Seus artigos são, via de regra, contundentes, e têm o poder de produzir choques de consciência como os manifestos nos comentários de diversos leitores que tanto refletem gratidão pela reflexão produzida e generosamente compartilhada, como também expressam o efeito catártico que eles produzem sobre muitos leitores, o poder de conquistar mentes e corações e/ou gerar indignação, solidariedade, engajamento etc.

Ressalte-se esse seu momento de exuberante fertilidade em que é possível encontrá-la em diferentes sites, abordando diversos assuntos quase que simultaneamente, com uma profusão de reflexões sem prejuízo de sua reconhecida qualidade. Parte significativa desses textos foi reunida neste *#Parem de nos matar!*

Cidinha também extrai da ficção matéria-prima para pautar à opinião pública os desafios interpostos às pessoas negras para alcançar inclusão social, sobretudo nas políticas públicas, como as ações afirmativas.

Suas crônicas têm essas pretensões, emocionar a muitas pessoas e provocar reflexão, mudar mentalidades. E as reações a seus textos demonstram sua capacidade de realizá-lo.

Seus amigos e admiradores esperam agora pela conclusão de seu doutorado, do qual esperam ver desaguar a sistematização dessa multiplicidade de intervenções sócio-político-culturais, feitas por essa pensadora vigorosa, de quem se espera renovação e ousadia no fazer acadêmico, tal qual vem demonstrando em todas as áreas em que tem atuado.

SOBRE OS QUE JUNTAM VINTÉNS NA MICROECONOMIA DO CARNAVAL

Antes de conhecer o carnaval de rua de Salvador, mais precisamente o circuito do Campo Grande, o retrato instantâneo da precarização do trabalho negro em minha cabeça era a greve dos garis cariocas de 2014. Agora tenho outro, a microeconomia do carnaval soteropolitano.

Mulheres negras, todas negras, dominam o mercado da comida de rua durante a festa. Tradição herdada das pretas de ganho do século XIX, das baianas do acarajé e outros quitutes do século XX para cá. Herança também de diversas impossibilidades consolidadas que as leva a desenvolver funções laborais nas quais possam manter os filhos por perto.

Uma imagem de duas crianças encolhidas dividindo uma caixa de isopor como cama exemplifica a situação de mulheres que não têm com quem deixar os filhos enquanto trabalham.

Elas despendem horas e horas cozinhando junto com outras mulheres em casa. Previamente pesquisam preços para comprar ingredientes em grande quantidade, feijão, carnes, farinha, pratos, copos e talheres de plástico. Catam o feijão, picam carnes, deixam de molho, escaldam, temperam, cozinham. Preparam fogareiros, recipientes plásticos com tampas, separam imensas colheres de pau e panelas que serão transportados em inacreditáveis motocas e até em carrinhos de mão por aquelas que moram mais perto do centro. E em ônibus, vans, caronas de amigos ou parentes, aos quais se paga uma cerveja. Ou carros próprios, muitas vezes recolhidos pela fiscalização urbana por falta de condições para circular com segurança pelas vias públicas.

Os homens sairão de casa mais cedo. Não pense que serão poucas horas. São dois dias, talvez três. Estirarão caixas de papelão desfeitas nos melhores pontos das calçadas centrais do desfile e das ruas laterais, onde serão instaladas as caixas de isopor repletas de gelo e de latas da marca de cerveja monopolizadora do carnaval inteiro, além de garrafas plásticas de água. Sem esquecer o fogareiro, as panelas, os tamboretes para as trabalhadoras se sentarem e demais apetrechos para a alimentação dos foliões, levados pelas mulheres.

Alguns desses homens e mulheres de todas as idades, além de adolescentes recém-saídos da infância, comporão o grupo de cordeiros em diferentes blocos. Cronistas mais românticos e curtidores, ávidos por encontrar marcas de subversão nos empobrecidos em tudo, destacarão os cordeiros e cordeiras que "curtem mais do que os foliões protegidos pelas cordas".

Eu, cronista mais pessimista, notarei uma expressão comum de tédio, cansaço físico, fome e sede nas pessoas responsáveis pelas cordas que mantêm a distância entre os foliões uniformizados e a pipoca. Afinal, não sei se os otimistas sabem, mas quem ganha tostões pelo trabalho não pode desperdiçá-los comprando água mineral. Há que esperar o fim da jornada, a generosidade do contratante (que parece não existir durante o trajeto) ou dos donos de bar que liberam copos de água da torneira.

De manhã, quando as ruas estiverem livres, os camelôs se instalarão com suas barracas móveis para vender as promoções do dia: turbantes, chapéus, fantasias, óculos escuros, viseiras, protetor solar, capas de chuva etc.

Entre o final da manhã de reposição das comidas e o início dos desfiles da tarde, meninas de dez anos ou pouco mais velhas passarão entre os trabalhadores e trabalhadoras carregando pesadas sacolas e gritando: "Olha a quentinha, olha a quentinha!".

No supermercado haverá promoções do cartel da cerveja. Jovens maquiadas, trajando curtos e apertados vestidos de cor laranja oferecerão vantagens e prêmios aos pequenos comerciantes que comprarem cerveja e água para revenda. O estabelecimento destinará seis dos dez caixas disponíveis para atendimento exclusivo aos compradores de bebidas.

Haverá uma adolescente extenuada, assentada sobre vasilhames de água mineral. A mãe, não menos cansada, ficará enternecida com o estado da filha e, arrumando suas tranças, lhe dirá: "Você me ajuda a levar essas bebidas, depois vai para casa dormir e volta à noite". A mãe, que não dormiu a noite anterior, trabalhará o dia inteiro movida pelo energético da necessidade. E quando a filha voltar, ela não irá para casa dormir, porque nunca a deixaria sozinha exposta aos bêbados e estupradores de plantão.

Ainda na função de cronista realista, ou pessimista se quiserem, relativizarei o humor como ato político de resistência percebido pelo poeta nas fotografias dos meninos negros que sorriem e cantam enquanto são enquadrados pelas brigadas policiais.

Até acho a ideia de resistir à truculência via ironia uma coisa bonita, vista do ar condicionado e da cadeira confortável de onde escrevo; contudo, se eu fosse um daqueles garotos negros apalpados, abusados sexualmente por policiais-brucutus, eu não conseguiria sorrir, nem cantar, como vários deles conseguem. Eu não me arriscaria a topar com um policial mal-humorado e descontrolado que quebrasse meus dentes em resposta ao sorriso e ao canto. Ou que pudesse me roubar a vida num beco escuro qualquer, convertendo-me em mais um Amarildo.

A favela resistente nas regiões centrais alugará o pátio de entrada da comunidade como estacionamento para os carros de foliões. Os motoqueiros do lado de lá da linha do trem trabalharão de maneira febril e compensarão como puderem a falta de mobilidade urbana, a diminuição injustificável do transporte coletivo e o preço abusivo do serviço de táxi.

O faxineiro do prédio de classe média montará uma barraca para vender feijoada e durante seis dias, cheio de orgulho, será o dono de um negócio. Estará liberto da farda, dos moradores mandões e mal-educados, da síndica insuportável e decadente. Durante um pequeno período, ele será patrão de si mesmo. Deixará de ser o reles Fu, irmão do Dido, goleiro do baba de domingo.

Sem mais, mando um abraço para o pessoal que dinamiza a economia da festa popular, alheio à oscilação da bolsa dos abadás e pulseirinhas de camarote. Às trabalhadoras e aos trabalhadores usurpados pelos fiscais da prefeitura que querem obrigá-los a vender a marca de cerveja patrocinadora da festa. Que se insurgem contra o prefeito Cimentinho e obstruem a trajetória dos blocos no circuito rico e turístico.

O representante do coronelismo revigorado afirma querer "que eles vendam, mas precisam seguir as normas colocadas pela Prefeitura". Precisa-se respeitar a "colocação" do coronelzinho pós-moderno, que troca o debate e a negociação entre as partes por prática ditatorial que exclui o diálogo.

Soterópolis continua linda e os resquícios da escravidão, vivíssimos, como sempre estiveram.

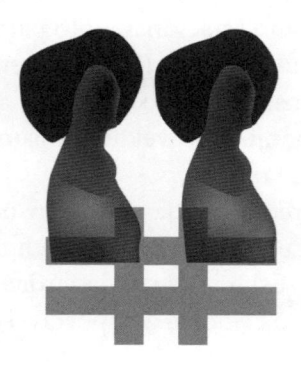

UMA MICHELLE INCOMODA MUITA GENTE, DUAS MICHELLES INCOMODAM MUITO MAIS...

Taís Araújo foi alvo de racismo em seu perfil no Facebook. Reagiu de pronto. Denunciou. Posicionou-se. Manteve os comentários racistas para que todos pudessem ler. Recebeu manifestações amorosas e solidárias.

A atriz entregou as provas à Polícia Federal, com vistas à investigação, captura dos agressores e punição rigorosa. Não porque atacaram uma mulher negra famosa, mas porque o racismo deve ser coibido de maneira exemplar para que as pessoas anônimas, às quais ele atinge na vida miúda, sintam-se mais protegidas.

Mas o fato de Taís Araújo ser uma artista de sucesso que é estrela de uma série televisiva inovadora (*Mister Brau*) na qual representa uma mulher negra poderosíssima (Michelle) não deve ser subestimado. O poder de Michelle, a personagem, é o que incomoda muita gente por aí. Trata-se de uma empresária bem preparada para as funções que exerce, rica e ética. Refinada em tudo, nos gestos, nas roupas, no trabalho. Todas as semelhanças com Michelle Obama merecem consideração.

Taís Araújo radicalizou no visual para caracterizar o poderio profissional e econômico da personagem. Abusou do volume, das cores e do brilho de um cabelo crespo que lhe emprestou o ar felino que seu rosto delicado desconhecia e que deve deixar os racistas em pânico.

É impossível dissociar os ataques racistas sofridos por Taís Araújo daqueles que alvejaram Maria Júlia Coutinho, a repórter do *Jornal Nacional*, meses antes. Duas mulheres negras, bem-sucedidas, admiradas, em posição de destaque e poder, divando e sambando na cara da sociedade, como o pessoal jovem gosta de dizer. Ambas foram atacadas no perfil de uma rede social, no ciberespaço, locus privilegiado para machistas, misóginos e racistas agredirem mulheres por meio de cusparadas de "volta à senzala", ataques ao cabelo crespo e outros de conotação sexual.

Houve ainda a patética fração do "somos todos Taís", que aconselhava e repreendia os pares: "Tanta negra feia para vocês praticarem racismo e vocês falam logo da Taís Araújo, que é tão linda que nem parece negra". Mais à frente, depois de alguém ter desnudado o teor racista da chamada, a frasista argumentou: "Eu não tô praticando racismo, tanto que disse que a Taís não merecia isso".

Nada de novo no front. Só a velha reificação do lugar da mulher negra no discurso e no imaginário da casa-grande recalcitrante e ressentida. Mais do mesmo dessa dor dilacerante que consome os herdeiros dos escravizadores todas as vezes que os descendentes de escravizados afirmam sua humanidade e seu lugar quilombola.

MR. BRAU E MICHELLE, O CASAL ODARA

Às quartas-feiras, invariavelmente, a atriz Taís Araújo utilizava as redes sociais para conversar com seu público sobre o capítulo da série *Mister Brau* veiculado na noite anterior pela tevê. Uma boa estratégia de marketing, já que a propaganda de um produto televisivo é a alma do negócio.

Em tom coloquial e simpático, próprio da linguagem utilizada por artistas nas redes, ela perguntava aos telespectadores se haviam gostado do episódio e destacava algum aspecto significativo. Vez ou outra apresentava um dos profissionais envolvidos, como Antônio Medeiros, o figurinista, responsável pelos elogiados *looks* de Michelle, sua personagem.

Um desses comentários-chamada para o próximo capítulo sintetizou o que é Mr. Brau, o personagem, e, de certa forma, a série: "Ele apronta das suas, mas no final dá tudo certo".

Brau é um herói! Telespectadores e principalmente telespectadoras globais sobreviventes de *Sexo e as negas*, *Sai de baixo* e outros programas pérfidos precisam de heróis e heroínas negros dignos, bem construídos, humanizados. Afinal, referências como Taís Araújo e Lázaro Ramos, jovens artistas talentosos, competentes e bem-sucedidos na trama e na vida pessoal, fazem com que o público aumente a própria respeitabilidade por extensão e identificação.

No programa, as bases da cultura negra são valorizadas e expressas de maneira decente e criativa, ao contrário da maioria dos humorísticos que as ridicularizam, estereotipam e violentam. Ao atuarem como protagonistas de um seriado como *Mister Brau*, Taís e Lázaro levam a audiência a acreditar que a vida de pessoas negras, ainda que expostas ao racismo, pode ser comum e pode dar certo, pelo menos na ficção.

O casal televisivo é exceção na sociedade brasileira, de fato. Primeiro, trata-se de um músico negro de sucesso que tem uma companheira-musa negra, se é que vocês me entendem. Uma personagem que parece ter o nome e a personalidade inspirados na poderosa primeira-dama dos Estados Unidos. Aquela a quem Barack Obama atribuiu sua estrutura de homem íntegro, forte e vitorioso. Depois, formam um casal de negros ricos. Mas, pasmem, são honestos e enriqueceram pelo trabalho. Para coroar tudo, ambos são bem resolvidos quanto à origem socioeconômica popular, mantêm relações saudáveis com as famílias, têm muitos amigos negros, são felizes e possuem projetos de vida. Portanto, sabem de onde vieram, quem são, onde estão e para onde vão. E são personagens pretos brasileiros. Não são extraterrestres.

Há os que prefeririam que Michelle e Brau fossem cientistas, médicos, engenheiros, professores universitários. De acordo com essa opinião, as profissões das personagens (cantor e produtora artística) insistem na possibilidade de sucesso para os negros apenas na música. É irônico. Se a música fosse mesmo esse terreno isento de racismo, os donos de gravadoras não tentariam interromper o projeto de carreira de Djavan, propondo novas composições com parceiros, para que ele deixasse de ser um artista "autoral demais".

Como nos lembra Zezé Motta, o problema para uma atriz negra não é representar trabalhadoras domésticas nas telenovelas brasileiras. O problema está na representação de empregadas sem voz, mudas em todas as cenas, nas quais aparecem servindo cafezinho ou limpando a mesa.

Inaceitável foi terem oferecido esse tipo de papel a ela, Zezé, imediatamente após o estrondoso sucesso de *Xica da Silva* no cinema, como a dizer-lhe: "Sua consagração não vale nada. Você sempre servirá café. Não terá voz. Seu destino como atriz será limpar a mesa e o chão".

O texto de *Mister Brau* é bom. Tem a agilidade, a leveza e a inteligência exigidas pelo gênero, tornando cada capítulo algo divertido. O grupo de atores e atrizes é fantástico, profissionais com veia de humor na medida, sem a apelação preconceituosa e racista tão cara à Rede Globo.

A comédia *Mister Brau* lembra a novela *Windeck*, embora seja imperioso resguardar as diferenças entre os dois trabalhos televisivos, considerando-se as características técnicas e dramatúrgicas. *Windeck* assemelha-se às produções mexicanas, ou seja, dramaturgia precária, texto horroroso e filmagem quase amadora. Todavia, as duas produções, a despeito do desenho dramatúrgico antagônico, aproximam-se pelo ineditismo de apresentarem pessoas negras comuns em posição de protagonismo, movimentando-se por uma ambiência negra, experimentando problemas afeitos a profissionais negros, empresários e artistas. Ou seja, no caso brasileiro, o seriado não faz de conta que o racismo não existe, a tensão racial perpassa a trama o tempo inteiro. Quanto aos angolanos, eles entendem o racismo de outro jeito, tema para uma crônica posterior. Somam-se, ainda, as questões sociais de cada país. A produção angolana enfatizou a corrupção e o alpinismo social. A brasileira destacou a administração das carreiras de sucesso de um casal que trabalha junto na tevê e na vida real.

Aliás, Taís Araújo e Lázaro Ramos aproveitaram tudo de positivo que a visibilidade do trabalho podia gerar. Vimos durante décadas os casais Eva Wilma e Carlos Zara, Paulo Goulart e Nicette Bruno, Tarcísio Meira e Glória Menezes atuando juntos na televisão e no teatro. Pela primeira vez vemos um casal negro a fazê-lo. Atriz e ator negros que agregam ao excelente desempenho artístico a capacidade de gerir a carreira em diálogo com o mercado. Adotam a mesma estratégia de Antônio Fagundes e outros grandes artistas que aproveitam a aparição na tevê para potencializar o público do teatro. Dessa forma, Taís e Lázaro gravavam o seriado no Rio e concomitantemente encenavam em São Paulo a peça *O topo da montanha*, sobre a última noite na vida do líder Martin Luther King.

Quando há negros como personagens centrais em programas televisivos de grande audiência, existe a possibilidade de que eles pautem a mídia, tornando-se frequente ouvi-los em entrevistas, vê-los em capas de revistas. Saberemos sua opinião sobre as coisas do mundo. Eles também multiplicarão seus rendimentos com publicidade. Afinal, mídia gera mídia. Conheceremos sua formação familiar. Tomaremos conhecimento dos princípios da educação de seus filhos, o que comem, como se divertem, como cuidam da saúde. Enfim, eles farão recomendações aos fãs, seguidores e admiradores por meio do exemplo e do discurso. A partir do próprio universo, passarão a disputar um lugar de formação e interferência no imaginário sociocultural do país.

Santa intencionalidade, Batman! Isso é perigoso. Pode conferir poder à comunidade negra brasileira. Os racistas, sabendo disso, piraram e atacaram Taís Araújo nas redes sociais em resposta. Querem humilhá-la, cortar com a lâmina da fofoca racista sua juba de orgulho crespo-pensante.

As pessoas os chamaram de *Jay Z* e *Beyoncé* brasileiros. É um engano cínico. É muito mais difícil para Taís e Lázaro se firmarem como artistas respeitados no cenário de desfaçatez do racismo nacional. Basta ver o deboche da também atriz Luana Piovani sobre a reação de Taís Araújo aos ataques racistas. A atriz alegou que é constantemente sacaneada na internet e ninguém a defende. Coitadinha. Se Taís Araújo não estivesse em evidência como estava naquele momento, reclamação não haveria. É provável até que recebesse da mesma colega um afago de solidariedade.

Nos Estados Unidos, uma pessoa branca em gozo pleno das faculdades mentais, consciente de seus privilégios como branca, pensaria dez vezes antes de tentar ridicularizar uma colega de trabalho negra. Teria vergonha de se expor ao ridículo por ciúme e dor de cotovelo, como fez Luana Piovani, que amargava um período fora da telinha e todo mundo estava ligado nisso.

LETRAMENTO RACIAL:
O CASO FERNANDA LIMA E AS BABÁS NEGRAS

A preguiça sempre foi um pecado abominável para pessoas que trabalham muito, mas devo admitir que o caso Fernanda Lima e suas declarações sobre as babás negras, sua pose ao lado de um segurança negro, o tititi e o chororô da casa-grande e seus herdeiros me causaram preguiça.

Sinto-me uma marmota escorregando num pé de árvore, mais lenta do que uma jiboia de barriga cheia. Saca aquela preguiça até de abrir os olhos para ler o catatau de mediocridade emanado do caso, de escorregar a mão pelo mouse para abrir um arquivo? Assim me senti, tomada pelo bicho capital da preguiça.

Ângela Dias e Tayane Dias (superei a preguiça e movi o mouse para pesquisar o nome das profissionais), as babás em questão, são duas jovens negras simpáticas e bonitas, aparentemente plenas da energia exigida para cuidar de crianças pequenas em movimento. Devem ser habilitadas para o trabalho, pois quem pode pagar escolhe a dedo os profissionais dos quais se cerca, principalmente para cuidar de seres tão preciosos como os filhos, mesmo que Fernanda tenha alfinetado que elas não trabalhavam e que ela lhes ensinou o serviço (mirem o favor que lhes fez).

Ora, se elas são tudo isso, qual seria o problema de Fernanda Lima colocá-las em exposição, vestidas de maneira descolada, como provavelmente se sentem à vontade, e afirmar que empregada dela não é obrigada a vestir uniforme branco?

O problema é utilizar um exemplo que supostamente respeita a alteridade de outrem para destacar o quanto uma patroa branca é boazinha, velho artifício colonial-português de instituir uma "escravidão branda". A atitude problemática é reiterar o lugar de poder da herdeira da casa-grande e o lugar de subalternidade e aquiescência daquelas que tiveram suas antepassadas escravizadas.

As atitudes das pessoas não são desassociadas do tempo e do espaço. Ainda outro dia, houve rumores de que Fernanda substituiu uma colega de trabalho negra numa escolha racista para protagonizar sorteio de chave de jogos da Fifa na Copa de 2014. Fernanda Lima desconsiderou completamente a possibilidade de, mesmo aceitando o trabalho, problematizar a existência do racismo e suas práticas, ainda que de maneira indireta. Ao contrário, tudo o que se ouviu da modelo e apresentadora foi a indagação jocosa: só por que eu sou branquinha?

Os negros estão malucos, dirão alguns de seus amigos. Eles, influenciados pela vitória de Obama, não sabem mais qual é o seu lugar e acham que podem tudo. Vejam vocês: se mostramos que temos serviçais negros e os tratamos direitinho, eles não gostam. OK. Quando mostramos que temos amigos negros que comem à mesa conosco e brincam com nossos filhos, também não gostam. O que querem, afinal? Se gente como a gente tem amigos negros é porque são do nosso nível, gente que nasceu sem classe, mas lutou e com muito esforço subiu os degraus sociais até onde estamos. Esse pessoal tá perdido, não sabe desfrutar os brindes de serem negros de classe média.

Dizem que os homens estão perplexos frente à nova mulher, não sabem como se comportar, como ser másculo e não ser machista, como ser docemente viril sem oprimir. Tá difícil o negócio para eles, e penso que para os brancos frente aos negros também. É muita complexidade negra para quem estava acostumado a mandar e ser obedecido, a oferecer um emprego em sua casa e a prometer que os filhos da pessoa empregada teriam emprego garantido (na casa dos rebentos do empregador).

Tem muita estética berrante (no sentido daquilo que não se cala e grita), muito enfrentamento imediato ao mimimi da branquitude, marchas de resistência aos autos de resistência, à redução da maioridade penal, contra o genocídio do povo negro, pelo empoderamento crespo, contra a violência e racismo impostos às mulheres e pelo bem-viver.

Pelo bem-viver! As pessoas negras vociferam em cada ação de resistência e tigritude que não aceitam migalhas condescendentes à sua existência.

A *SELFIE* DE DIECKMANN E CASÉ COM AS EMPREGADAS E O CONTEXTO SOCIOCULTURAL DAS DOMÉSTICAS NO BRASIL

Quando vi a foto de Regina Casé e Carolina Dieckmann com as quatro trabalhadoras domésticas na casa da primeira em uma noite de Natal, ratifiquei minha sensação de que Anna Muylaert, diretora de *Que horas ela volta?*, um dos melhores filmes de 2015, acertou em cheio na escolha de Regina Casé para o papel principal. Ela é a cara do Brasil. As mulheres populares do país têm muitas caras e a de Regina é uma delas. Não nos surpreenderíamos se ela fosse uma das quatro trabalhadoras domésticas fotografadas. Entretanto, o mesmo não ocorreria se supuséssemos Carolina Dieckmann como protagonista do filme. Embora a diretora tivesse total liberdade para fazê-lo, seria meio inverossímil ou, pelo menos, sua presença obliteraria o vigoroso debate de classe instaurado pelo filme. Seria algo semelhante à Lucélia Santos representando Isaura, a escravizada.

Creio que aqui começa o incômodo causado pela foto e pelo letreiro. Existe um contexto de hierarquia racial que subjaz à imagem e que uma parcela do Brasil não deixa mais passar incólume. Muitas pessoas brancas, por sua vez, refutam sua própria associação ao legado da casa-grande, ainda que desfrutem confortavelmente de tudo o que foi construído pelas mãos, pés e cabeça do povo negro escravizado durante 350 anos, e que o racismo tratou de manter nas mãos brancas devidamente lavadas.

As quatro trabalhadoras domésticas fotografadas evocam os setenta e sete anos de organização sindical das trabalhadoras domésticas, iniciada por Laudelina de Campos Mello em Santos, São Paulo, na busca pelos 34 direitos garantidos à maioria das demais categorias de trabalhadores e que só foram parcialmente atendidos pela PEC das Domésticas em 2013, com setenta anos de atraso em relação às conquistas da CLT.

Elas nos lembram que existem cerca de oito milhões de trabalhadoras domésticas em todo o país, incluindo adolescentes e crianças, e destas, em torno de seis milhões não têm carteira assinada e não ganham sequer um salário mínimo. Embora, provavelmente, as trabalhadoras em tela façam parte dos dois milhões que têm os direitos trabalhistas assegurados.

Não conheço Carolina Dieckmann, mas ela me passa uma impressão excelente. Gosto dela como atriz e avalio bem suas declarações sobre o ofício, educação dos filhos, sua relação com as personagens. Lembro-me de uma que tinha câncer, perdeu o cabelo no tratamento quimioterápico e num determinado momento (não me lembro se a personagem ou a atriz) foi mostrada raspando os cabelos. Foi uma cena belíssima, comovente. Parece ser boa pessoa, a Carolina, e o mesmo se diz de Regina Casé. Não se trata aqui de abominá-las porque são patroas. No entanto, não há também como isentá-las dos sentidos revolvidos pela imagem por serem pessoas legais.

Ademais, além do contexto sociocultural, há duas questões, a *selfie itself* e o texto que o reforça. Esses retratos com artistas têm uma lógica própria. Se uma pessoa qualquer pede uma foto para alguém famoso e trata de postá-la, pode ser uma coisa inofensiva, tipo: "Ei, amigos, vejam quem está do meu lado". Pode ser também uma armadilha como a que Kim Kataguiri armou para Ney Matogrosso, vinculando-o a uma manifestação pelo impeachment da presidenta Dilma, fato que levou o artista a classificá-lo como imbecil.

Quando é o artista ou a celebridade quem tem a iniciativa de postar as fotos tiradas com fãs, pessoas comuns ou trabalhadoras, como no caso das três senhoras e uma jovem, empregadas ou contratadas por Regina Casé, existem mensagens que essas pessoas querem emitir para seus seguidores. Carolina abraça carinhosamente uma das moças. Regina tem a delicadeza de se posicionar ao fundo. As mulheres-trabalhadoras estão na linha de frente. E, convenhamos, devem estar contentes, porque, até prova contrária, as duas artistas são pessoas idôneas, boa gente, e quero crer que mantenham relações trabalhistas corretas com as pessoas que lhes prestam serviços.

Então, qual seria o problema? Por que estaríamos chorando de barriga cheia? Trata-se do bendito contexto, sobre o qual já falei. A gente ainda não tinha se recuperado da imagem das babás negras postada por Fernanda Lima e de toda a discussão a respeito dela, por iniciativa da patroa. Tampouco da filmagem da funcionária ou prestadora de serviços que segurava um guarda-sol para proteger Angélica, a apresentadora de tevê, da chuva, enquanto ela própria se molhava. Tão semelhante à pintura de Debret, de um escravizado que segurava o guarda-chuva aberto para proteger do sol o escravizador que urinava na rua. Ainda dói na memória também outra imagem das babás de Fernanda Lima colocando os filhos da patroa dentro do carro e permanecendo na chuva, à espera de outra viagem que as recolhesse.

O texto de Carolina Dieckmann que acompanha a fotografia diz muito pela falta: "Aqui, com essas lindezas batalhadoras, que fazem tudo tão caprichado e com tanto carinho que a gente saiu de lá flutuando de amor". Fofo! Admito! Mas a gente é chata e pergunta: qual é o nome das lindezas batalhadoras? Ou isso não tem importância?

O nome das senhoras é irrelevante, como era o nome das empregadas de Luciano Huck e Angélica que trabalhavam com a família quando o helicóptero que transportava o grupo sofreu uma pane? É isso? Tá bom, tá bom! Era um post do Instagram. Precisava ser curto. Afinal, uma imagem vale mais que mil palavras.

ANTÔNIO POMPÊO E O DESEJO CERCEADO DE SER ARTISTA PLENO

A morte precoce do ator Antônio Pompêo me deixou muito reflexiva, tanto pelas circunstâncias da tristeza presente na vida do artista, noticiadas por uma de suas amigas mais próximas, a também atriz Zezé Motta, quanto pelas reações das pessoas. Principalmente os depoimentos agressivos e ressentidos. Mesmo que não faça parte do grupo beatificador das pessoas mortas, tenho dificuldade de entender tanta peçonha derramada pela tela das redes sociais.

Elegi três exemplos-síntese para decantar o incômodo. No primeiro deles, uma moça, cujo pertencimento racial não pude aferir, disse: "Eu até entendo a situação dele (tristeza do Pompêo), mas peraí, gente, ele estava empregado. E os outros negros desempregados?".

Não consegui perceber se o texto falava de negros artistas ou de pessoas negras desempregadas de um modo geral. Em qualquer das hipóteses, existe uma confusão grande de percepção e de análise. Antes de tudo, não sei a que "emprego atual" a afirmativa se referia, mas, quando Zezé Motta denunciou a falta de oportunidades de trabalho para o ator, seguramente falava de bons trabalhos. De personagens, tramas que dialogassem com as expectativas de um grande ator.

Se pensarmos especificamente na tevê, as melhores expectativas nem sempre passam por papéis grandiosos. Elas estão mais relacionadas à possibilidade rotineira de interpretar papéis variados e significativos, como acontece com um grupo valorizado de atores e atrizes brancos. Podemos citar uma lista enorme, de diferentes gerações, às quais são oferecidos papéis diversificados.

Para me ater a novelas e a atores e atrizes consistentes, Glória Menezes, por exemplo, interpretou em 2016 a divertida, elitista e picareta mãe de um mauricinho-empresário do mundo da moda.

Tratava-se de uma mulher idosa que não queria ser chamada de avó para não ser envelhecida, entre outras excentricidades. Um daqueles papéis que os autores criam para reverenciar artistas admirados e granjeadores de público.

José de Abreu podia ser visto na tevê em dois horários diferentes, também em 2016. À tarde, em novela reapresentada, interpretava um guru indiano. Na novela do horário nobre era um gângster, chefe de facção do crime organizado. Perdeu dez ou quinze quilos para fazer o papel de bandido. Assim, ele aparecia gordo na novela da tarde e magro na novela da noite. A composição da personagem foi magnífica. Foi um dos melhores momentos de sua longa e polifônica carreira.

Tony Ramos também estava nas duas telenovelas. À tarde, representava um zeloso e conservador pai de família indiano. À noite, integrava a turma do Zé de Abreu, um gângster também, mas, ao contrário daquele, interpretava o pai amoroso de uma menina e o pai controverso de um filho policial que era perseguido pela facção. Bom amante, personagem complexo, cujo olhar dúbio para o chefe nos permitia antever que em algum momento viraria o jogo.

Os meninos e meninas (brancos) de *Malhação* recebem investimentos diversos. Atuam seguidamente nas novelas das seis, das sete e em minisséries. Contracenam com os grandes, recebem dicas, aprendem pelo exemplo, pela convivência com os maiorais e, principalmente, pela oportunidade de atuar continuamente, corrigir erros e melhorar a técnica. Em outras palavras, são cuidadosamente preparados para exercer o ofício de ator e atriz.

Pertencentes à geração de Pompêo e a gerações anteriores, poucos artistas negros conseguiram escapar dos papéis de mãe de santo, escravizados, capoeiras, bandidos secundários, bêbados, arruaceiros para representar também empresários, médicas, arquitetas, delegados, coronéis de polícia, artistas, donas de casa, padres. Léa Garcia, Zezé Motta, Elisa Lucinda, Milton Gonçalves, Edson Montenegro... mais alguém?

Da nova geração, Camila Pitanga, Lázaro Ramos, Taís Araújo e Sheron Menezzes estão entre os *top*, interpretam papéis diversos. Têm a possibilidade de aprimorar sua técnica. Cris Vianna, Juliana Alves e Marcello Melo Júnior vez ou outra conseguem variar os papéis.

Da novíssima geração, Roberta Rodrigues e Jonathan Haagensen aparecem com certa frequência, mas ainda encapsulados em papéis dos núcleos de favela, de bandidos (ou policiais). Um alento é a atriz Jéssica Ellen, que acumula na carreira ainda iniciante papéis importantes nos núcleos centrais das novelas e minisséries.

A complexidade, diversidade e constância de possibilidades interpretativas conformam a fortuna técnica e crítica de atrizes e atores. Atuar é imperativo para consolidar a carreira. Para os profissionais negros da dramaturgia, essa possibilidade costuma se viabilizar quando produzem os próprios trabalhos artísticos. Mas nem todo mundo quer ser produtor. A produção consome tempo inacreditável dos artistas e muitos querem apenas exercer o legítimo direito de atuar.

Nem todo mundo tem ímpeto para produzir os próprios espetáculos. Alguns economicamente independentes, como Antônio Fagundes, produzem os espetáculos que desejam, quando desejam, porque desejam. Outros, como um número substantivo de atrizes e atores negros, precisam se autoproduzir para ter trabalho porque quase não são convidados para participar das produções dos colegas. Principalmente em bons papéis e bons projetos. Estruturados. Bem remunerados.

Nem todos os atores e atrizes negros querem fazer teatro negro como os excelentes Lucélia Sérgio e Sidney Santiago (Os Crespos), Valdineia Soriano (Bando de Teatro Olodum), Rodrigo dos Santos (Cia dos Comuns) e Thaís Dias (Coletivo Negro), entre outros. É desejável e salutar que atrizes e atores negros também possam fazer essa escolha.

Salta de minha memória uma entrevista de Gilberto Gil, dos anos 1980, quando o cantor enveredou pela política baiana como secretário de Cultura. Perguntado se a distribuição de seu tempo mudaria muito, ele respondeu: "Sim, vai mudar muito, porque estou acostumado a dividir meu tempo entre a música e fazer nada. Penso que agora ficarei entre a música e a política".

Veja você, um dos artistas mais prolíficos da música brasileira precisa de tempo para não "fazer nada". Precisa daqueles momentos em que se faz tudo o que se queira, ou o nada da curtição dos filhos, dos amigos, do mar, da existência, porque, como se sabe (Gil não inaugurou isso), a cabeça precisa estar leve para criar.

Mas nega-se rotineiramente esse direito ao artista quando se afirma: "Ah, estava triste por quê? Ele estava empregado. E os outros que estão desempregados?". Quando se trata de um artista negro, então, chega-se a recomendar o anestésico da humildade. Ele ou ela deve olhar para os lados, constatar o triste quadro ao redor e agradecer aos céus por ter um trabalho qualquer. Não deve escolher demais, deve contentar-se com pouco, até com migalhas. Em suma, deve se resignar ao mediano, ou mesmo à mediocridade, porque não lhe é permitido ousar. Sonhar. Derivar. Transgredir. Querer o melhor. Desejar ser um dos maiores e assim ser tratado.

Um emprego em qualquer área, não se pode esquecer, muitas vezes é a forma que o artista encontra para sobreviver (pagar as contas) e para autofinanciar sua dedicação parcial ao fazer artístico. E boa parte dos artistas almeja o contrário. Quer que seu trabalho artístico o sustente economicamente e lhe permita tempo livre para criar, além de recursos para o aprimoramento técnico.

O segundo exemplo-síntese é a radicalização da mediocridade à qual tentam relegar os artistas negros. Um colunista (certamente branco) comentou a mística sobre a morte de Pompêo num jornal de grande circulação. Ladrou assim: "Estava sem trabalho? Por que não encheu uma caixa de picolé e foi vender na praia?".

Ouvir isso é tão duro e desrespeitoso que a vontade é dizer meia dúzia de palavrões como resposta. E ainda haverá gente perguntando qual é o problema de mandar alguém vender picolés. Nenhum, se não for, como neste caso, uma forma de desqualificar o artista e seu desejo de criar, de fazer arte, mandando-o fazer qualquer coisa que nada tenha a ver com seu ofício de ator, porque, em última instância, o trabalho que não tem valor pode ser substituído por qualquer outro.

Por fim, o terceiro exemplo-síntese vem do fogo amigo. Um homem negro, supostamente sensível à arte, disse: "Mas trabalho é só na Globo? Tava sofrendo porque não estava na Globo? Por que não foi trabalhar noutro lugar? Tanto canal de televisão aí".

Mais uma pedreira. Com amigos desse tipo, ninguém precisa de inimigos. É preciso perceber que compor a área dramatúrgica dos canais de tevê vai além da vontade dos atores e atrizes. Imperam as normas de mercado e exigências do produto televisivo da vez. Entretanto, o fogo amigo é tacanho, não entende que esse mercado opera pela lógica racista que estereotipa, subalterniza e paga menos aos artistas negros. Isso entristece. Revolta. Mata. E deve ter atingido Pompêo em cheio ao longo de anos.

Denzel Washington, um dos melhores atores estadunidenses de sua geração, não faz parte de qualquer grupo racial de criação. Atua no *mainstream*. É ator de Hollywood. Ator negro de Hollywood, ele sabe e nós também. É um homem consciente do próprio lugar de liderança negra no mundo do cinema e de representante da comunidade negra em sua área de atuação. Uma representação que se dá pelo pertencimento a uma comunidade de destino, não necessariamente a um grupo artístico, composto apenas por negros dessa comunidade.

Antônio Pompêo também atuava no *mainstream*. Em telenovelas, no cinema, na Globo, em outros canais de tevê. Além de atuar no sindicato dos artistas e em espaços midiáticos com discurso pró-direitos dos negros no mundo da arte e na sociedade civil como um todo.

E, de novo, ser ator é uma coisa. Ser produtor é outra. Os atores e atrizes não devem ser condenados a produzir o próprio trabalho como condição para trabalhar. Tampouco forçados a se resignar ao real: "É assim mesmo para os negros. Ninguém te contou, baby?".

É facílimo indicar como as outras pessoas devem conduzir sua carreira artística, principalmente oferecer conselhos balizados pela mediocridade. João Marcelo, estudante de escola pública em Brasília, nos ajuda a entender o funcionamento desse mecanismo. Dito de outro modo, a forma como a mediocridade tatua o universo particular de algumas pessoas. Em resposta às críticas anticotas nas universidades públicas feitas pelo palpiteiro Alexandre Garcia, João Marcelo foi preciso: "Quem ascendeu na carreira com favores e migalhas dos plutocratas só pode enxergar nos outros os vícios que carrega".

A arrogância dos medíocres não poderia mesmo especular outro comportamento para Pompêo (e para outros artistas criativos e exigentes) que não passasse por suas próprias limitações. De talento, de determinação e de caráter.

O PALPITEIRO E AS COTAS

Dia desses um palpiteiro global de política, economia, educação e costumes fez mais uma. Alexandre Garcia, em incursão midiática diária, deu voz histriônica à casa-grande ao atribuir às cotas a responsabilidade pela institucionalização do racismo no Brasil. A atribuição ocorreu como ataque ao Simples Nacional, um sistema adotado pelo Governo Federal desde 2007 para tributar de maneira diferenciada microempresas e empresas de pequeno porte com renda bruta anual de até 360 mil reais. Um dos argumentos do palpiteiro foi de que o processo seria complicado pelo quesito raça/cor do formulário.

Operadores de mídia como Alexandre Garcia vivem em um mundo particular de invenção de verdades, à revelia das pesquisas sérias feitas em universidades e institutos de pesquisa científica. Ao mesmo tempo, veiculam discursos descolados da vida do povo e para vendê-los a este mesmo, como ópio, via televisão. O jato verborrágico sobre as cotas e a institucionalização do racismo é exemplar.

O palpiteiro não sabe que o Instituto Brasileiro de Geografia e Estatística (IBGE) é um dos órgãos de recenseamento mais respeitados do mundo. Nosso IBGE exporta tecnologia para a América Latina, Caribe e África pelo menos desde a década de 1980. Tem assessorado processos diversos e complexos de contagem humana, por exemplo, aqueles levados a termo no Haiti, pós-terremoto de 2010.

Foram os técnicos do IBGE que, depois de décadas de pesquisa, produção de conhecimento qualificado e debate com a sociedade civil organizada, chegaram à categoria raça/cor, no afã de abarcar os complexos e diversificados sistemas de classificação racial vigentes no Brasil desde o recenseamento de 1872. São cinco as categorias adotadas pelo IBGE: preto, pardo, indígena, amarelo e branco.

E tais categorias são atribuídas às pessoas por elas mesmas, ou seja, por autoclassificação.

O levantamento dessa informação pelo IBGE atende a dois vetores fundamentais. Primeiro, respeita o levantamento do tema feito pelos recenseamentos no país desde 1872. Quem trabalha com números comparados, mesmo de maneira rudimentar (procedimento evitado por quem inventa verdades), sabe que as categorias precisam ser mantidas ao longo do tempo para que possam ser comparadas. Por isso, a partir de estudos de viabilidade técnica, o IBGE concluiu que a melhor forma de levantar informações para retratar o matiz racial da sociedade brasileira e compreender as mudanças e flutuações dos grupos raciais e étnicos seria pela aferição da categoria raça/cor.

Quanto ao segundo vetor, desde o censo de 1991, o IBGE tem se notabilizado pelo diálogo com a sociedade civil e pela sensibilidade para a reformulação de alguns itens já constantes do questionário, bem como a inclusão de outros, quando possível e tecnicamente sustentados. Vale lembrar que a incompetência e o descaso da equipe de Fernando Collor de Mello com a manutenção do Censo a cada decênio interrompeu uma longa série. Como resultado, o Censo de 1990 foi realizado em 1991.

No escopo desse diálogo, discutiu-se, a partir de meados dos anos 1990, a possibilidade de incluir o quesito negro como opção de autoclassificação no Censo que seria realizado em 2010. Tecnicamente não foi possível fazê-lo, pois, além de quebrar a série histórica, seria oneroso. Contudo, adota-se desde aquela década a estratégia de somar as informações demográficas de pessoas autodeclaradas pardas e pretas para compor a informação geral sobre o grupo negro. Isso é possível porque as diferenças entre os dois grupos, pretos e pardos, não são demograficamente significativas. Atende-se assim a uma demanda da sociedade civil organizada e respeita-se a forma como cada indivíduo recenseado percebe a si mesmo do ponto de vista do pertencimento racial.

Pois bem, informamos a Alexandre Garcia que, pelos motivos elencados nesta crônica, é que o IBGE mantém o quesito raça/cor em seu questionário. É por esse motivo também que as pessoas e instituições preocupadas com o conhecimento aprofundado da realidade brasileira o valorizam e aplicam.

O preenchimento do item raça/cor nos possibilita saber quantos negros auferem lucro suficiente para serem aceitos na Federação das Indústrias de São Paulo, a FIESP, e quantos são pequenos e microempresários. Esse item nos questionários permite-nos quantificar o número de negros e brancos em determinados setores, a exemplo do Ministério Público, do corpo docente das universidades e demais categorias profissionais de prestígio.

É óbvio que a percepção de pessoas como Alexandre Garcia dos locais onde estão negros e brancos nos extratos sociais do país não passa de mera constatação visual. Nesse exercício, abundâncias e ausências são naturalizadas. Dessa forma, a presença massiva de trabalhadores negros nas imagens da greve dos garis de 2014, no Rio de Janeiro, bem como a ausência de pessoas negras em qualquer turma de formandos de Medicina verificada em qualquer universidade federal do Brasil no período pré-cotas (antes de 2002) são demonstrações de que as coisas estão nos seus devidos lugares.

As cotas para negros nas universidades públicas, a lei de cotas referendada no STF em 2013, desestabilizam esse terreno, provocam rachaduras incômodas nos alicerces da casa-grande. Elas provocam as conexões de Alexandre Garcia com a ditadura civil-militar e com Paulo Maluf, tornando mais peçonhento o veneno que escorre pelo cantinho de seus lábios todas as vezes que a cabine de controle da casa-grande é ameaçada.

O ESPÍRITO DOS ATAQUES RACIAIS À JORNALISTA MARIA JÚLIA COUTINHO

Para início de conversa, cumpre eliminar o falso dilema de utilização do nome Maria Júlia ou Maju sempre acompanhado do sobrenome, Coutinho, por suposto. Isso, porque, se uma pessoa negra não tem sobrenome, o racismo trata de chamá-la como quiser. No caso em tela, Maju Coutinho, protagonista do nome e da história, consagrou o apelido e sente-se confortável ao usá-lo. Acabou o papo.

Depois, cabe perguntar por que alguma coisa está fora da ordem quando uma jornalista formada por uma das melhores universidades de comunicação social da cidade de São Paulo, após passar por diversos postos em sua carreira de dez anos, chega ao programa diário mais importante da emissora em que trabalha, um telejornal. Quem adivinhar ganha um doce!

As pessoas do grupo racial de Maju Coutinho, simpatizantes e/ou ativistas antirracistas vislumbram o simbolismo de uma mulher negra no *Jornal Nacional* e a incensam, fazem agradecimentos, sentem-se representados. Aquela parte da nação silenciada se reconhece em sua voz, dialoga com a simpatia da profissional competente, sóbria, equilibrada, sorridente (ela deve ser do time dos que acham que sorrir faz as pessoas viverem melhor).

A casa-grande desconfiada acende o sinal amarelo. Os ataques racistas são iniciados, sempre ardilosos e escancarados, mas em menor número. Querem intimidá-la. É a primeira parte da estratégia.

A casa-grande dá o sinal vermelho. Recomenda-se lançar mão de piadas, granadas sórdidas, armas químicas de desagregação molecular da humanidade de uma pessoa negra. A ordem agora é destruí-la psicologicamente. Abatê-la de maneira irrecuperável, protegidos pela impunidade aos crimes raciais na internet e nas ruas.

O alvo reage. Maju Coutinho manda beijinho no ombro para os detratores racistas. Um exército digital a defende e contra-ataca.

Entra em campo, então, o senso de oportunidade da Rede Globo. Os redatores enxergam a onda de apoio a Maju Coutinho nas redes sociais como possibilidade de alavancar a audiência do *Jornal Nacional*. Há muito se sabe que as redes sociais pautam os veículos de telecomunicação. A princípio fazem um jogral em vídeo (santa falta de criatividade, Batman!), são todos Maju! Evocam a *hashtag* de apoio aos chargistas franceses mortos em atentado. Surpreendentemente, concedem à jornalista discriminada o direito de resposta durante o telejornal.

A pergunta reverbera: somos todos Maju ou não somos? Sim, somos! O problema são eles! Ou seja, nós somos Maju porque vivemos e enfrentamos a discriminação racial cotidiana, em diversos níveis. Da morte simbólica que tentaram impingir à jornalista ao extermínio físico imposto a Cláudia Ferreira e aos 82 jovens negros mortos por dia no Brasil.

Eles (o grosso do pessoal da *hashtag*) também são Maju, mas por outros motivos. São pessoas que escolhem uma mulher negra única para respeitar, até para endeusar. Isso é muito comum entre discípulos brancos e suas mestras negras: Iyalorixás, professoras, regentes de grupos, companheiras de trabalho, algumas artistas e celebridades, como Maju. Algo válido, enfim, para mulheres negras singulares, consideradas especiais e divas, que encontram um lugar de afeto no coração da legião de fãs ou seguidores que resguardam intactos pressupostos raciais negativos em relação ao restante da população negra.

Esse tipo de pessoa, caso não saiba que uma determinada senhora negra que cruza seu caminho é a mãe daquela mulher negra que admiram, é capaz de tropeçar nela e seguir em frente sem pedir desculpas, como se esbarrassem num objeto inanimado.

Maju Coutinho é a dona da bola e responde em rede nacional. Aparece bela como de hábito, leve em vermelho iansânico e esvoaçante. Responde firme, dura, embora circunscrita aos limites globais que permitem que se fale em preconceito e preconceituosos e impedem que sejam usadas as expressões adequadas, racismo e racistas. São racistas os que ladram na metáfora de Maju Coutinho, e não preconceituosos, como ela disse.

Mas qual é a novidade do procedimento? Nenhuma! Será mesmo assim enquanto não nos tornarmos mais gregos nas ruas e alargarmos avenidas de radicalidade no enfrentamento ao racismo. Se dependermos do que está instituído, a pílula racista continuará dourada pelo preconceito.

Uma nova pergunta surge diante dos fatos: armou-se uma sinuca de bico para o diretor de jornalismo da Globo, Ali Kamel, que escreveu o livro *Não somos racistas*, publicado em 2006, para denunciar a tentativa de produção aleatória de um Brasil racialmente binário por parte de militantes do combate ao racismo? A resposta é negativa, continuamos emparedados. Diante do impasse, é preciso ser mais negro e mais grego. Ironia do Tempo, entidade caprichosa, pois nunca, na escala do tempo, pensei na possibilidade de juntar negros e gregos para caracterizar uma luta política.

O debate racial ganha a ágora. As opiniões se expressam em alguns discursos analíticos ou descritivos do cotidiano de discriminação racial, e laudatórios, confusos, catárticos, alguns midiáticos, e também agressivos e descrentes no interior da comunidade. Em outros discursos, pessoas brancas recém-filiadas ao fã clube da jornalista utilizam *blackface* para inflar a hashtag em defesa de uma mulher negra.

A recepção também é múltipla, tanto quanto as narrativas que debatem o caso, e destacam o *nonsense* costumeiro. Mas não são reações pueris, são atitudes especializadas em esvaziar as manifestações de racismo no país. São as mesmas que garantem o substrato sociopolítico (e sociopata) para que as teses de redução da maioridade penal e do não racismo brasileiro avancem.

Ao mesmo tempo, aumenta o número de pessoas brancas antirracistas publicamente posicionadas. O recrudescimento da direita e a ampliação de seus tentáculos força os progressistas a se perfilarem também como antirracistas. Finalmente, parecem ter compreendido que o espírito da casa-grande está na raiz de tudo aquilo que combatem como aviltamento dos Direitos Humanos e também do que chamam de desigualdade no país.

O caso Maju Coutinho suscita, ainda, questões de gênero e intragênero. Surgem comparações entre o suposto tratamento isento dado a Heraldo Pereira, jornalista negro e apresentador eventual do *Jornal Nacional*, e as agressões à badalada Maju Coutinho. O cotejamento de gênero procede. Sim, mulheres negras em posição de poder incomodam mais do que homens negros na mesma situação. Negras afirmadas são ainda mais incomuns e inaceitáveis para os herdeiros da casa-grande, cujos ancestres detinham o direito de estupro aos corpos das ancestrais das mulheres negras de hoje.

Mas há um erro no argumento, quer seja, supor-se que Heraldo Pereira não sofreu ataques racistas ao longo dos anos em que cobriu as folgas de Bonner. Ledo engano, tosca ilusão. É certo que, sim, ele também foi agredido. Entretanto, *è vero*, Heraldo Pereira é um homem negro e incomodou menos do que Maju Coutinho, que, além de tudo, conta com o *plus* de ter-se transformado em queridinha nas redes sociais. Acontecimento amplificador da vida de qualquer integrante da sociedade hodierna.

Outra comparação pertinente deu-se entre os ataques racistas sofridos por Maju Coutinho e os misóginos e machistas dirigidos à presidenta Dilma, exposta em adesivo sexual vexatório, comercializado na internet para ser acoplado a carros de passeio. Nos dois casos, analisa-se o fato de mulheres serem alvos dos crimes, bem como a diferente posição do jornalismo da Globo face às duas circunstâncias. Na primeira, Maju Coutinho teria se valido do justo direito de resposta por gozar da simpatia dos poderosos da tevê. Na segunda, os ataques à presidenta Dilma, achincalhada pela mesma tevê, não ensejaram tratamento crítico adequado.

Aqui, o erro do argumento foi desconsiderar que a simpatia dos patrões e de seus representantes diretos angariada por Maju Coutinho não se deve apenas aos seus dotes pessoais e profissionais, mas à possível alavanca de audiência que uma discussão bombada na internet pode representar para um programa de tevê em declínio evidente.

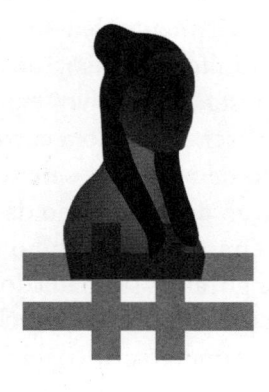

DUNGA X MARIA JÚLIA COUTINHO

Pena! Lástima! Deixar a reprise da vitória de *Dustin Brown* sobre *Rafael Nadal* para, em outro canal da Net, obrigar-me a ler as ofensas racistas à Maju Coutinho, a jornalista do tempo no país de Dunga, técnico da Seleção masculina de futebol que disse gostar de apanhar como um afrodescendente e não perdeu o cargo por isso.

O gosto de apanhar é um problema dele. O homem de confiança da CBF deve ter lá seus traumas e motivos, além da necessidade infantil de admitir o gosto excêntrico em público. Mas, Dunga, deixe os afrodescendentes fora da neurose que o consome desde que Ronaldinho Gaúcho, ainda menino, pintou e bordou contigo num Grenal.

E Maju Coutinho, oh... deusas do absurdo, que crime terrível cometeu? Terá sido a combinação maviosa dos cromossomas de dona Zilma e seu João Raimundo, que resultou numa mulher linda, o motivo da perseguição? Ou a vida instrutiva, incentivadora e plena de consciência racial vivida em casa e que a levou a ter um olhar doce, mas sóbrio e seguro, para a vida, e um sorriso equilibrado de quem sabe que o sol brilha para todos, inclusive para os racistas? Raça do caralho!

Maju Coutinho é uma mulher segura, e, portanto, exemplo de uma educação amorosa. Será esse o grande incômodo dos racistas que nos atacam? Eles se sentem atingidos e ameaçados pela sobriedade, beleza, competência profissional e simpatia da moça encantadora?

O encantamento tem sido odu de resistência na diáspora africana. Maju Coutinho parece ser sabedora disso.

O país verde e amarelo parece viver os anos 1950 do racismo estadunidense. Os herdeiros da casa-grande estão desesperados e saem à rua das redes sociais regurgitando ódio e perda de privilégios, baba sanguinária. Mas estão também nas ruas das cidades grandes e pequenas, matando negros a pedradas e tiros de fuzis, encarcerando os que escapam da morte. Legislando em favor de empresas e cartéis financiadores da política nacional nos corredores do Congresso.

O beijinho no ombro dado por Maria Júlia Coutinho descontrai, sai por cima. A hashtag com coraçãozinho feita pelos colegas de profissão conforta, diz aos herdeiros da casa-grande que há brancos ao lado de Maju. Ela não é uma pretinha desamparada, contudo, continua sendo única e a emissora empregadora nem pensa em fazer ação afirmativa de verdade.

A casa-grande precisa ser atingida por baixo, na raiz, na estrutura. Boletins de ocorrência, investigação policial do IP dos racistas digitais, criminalização da discriminação racial, atuação do Ministério Público, encarceramento dos criminosos, demissão do técnico da Seleção por justa causa (protagonismo em discriminação racial e exemplo racista dado às crianças, principalmente) e ampla divulgação das ações punitivas, por exemplo, são iniciativas que podem inibir novas práticas de racismo.

Enquanto atos racistas como o de Dunga forem minimizados por debochados pedidos de desculpas, haverá campo fértil para ataques racistas frontais como os que se dirigiram a Maju Coutinho. Existem provas passíveis de punição e há que punir, sob pena de se alastrarem os métodos que roubam literalmente a vida, como nas décadas de 1910 e 1920 nos Estados Unidos, como o genocídio da juventude negra a partir dos anos 1980 no Brasil e a indústria das prisões estadunidenses que também nos ronda.

O crime de discriminação racial deve ser tratado com dureza e precisão. A casa-grande não pode ameaçar impunemente a vida de pessoas negras cada vez que elas saem dos lugares de subalternidade construídos com esmero para domesticá-las.

Viva o encantamento de 2015! *Dustin Brown* venceu *Rafael Nadal*. Maju Coutinho ainda será âncora do *Jornal Nacional*. Quer apostar? O direito de resposta dado a ela em rede nacional, em tempos de audiência muito baixa na televisão e das redes sociais que pautam as telecomunicações, é um sinal.

NAQUELE DIA A TELA DO
JORNAL NACIONAL FICOU NEGRA

Na imagem postada pela cronista numa rede social, os jornalistas negros Heraldo Pereira, substituto eventual do âncora do *Jornal Nacional*, e Maria Júlia Coutinho, responsável pelos criativos anúncios e comentários sobre chuvas, sol e temperaturas no país, abriam a tela do noticiário. A imagem foi precedida pelo comentário: "Maria Júlia Coutinho e Heraldo Pereira no *Jornal Nacional* de ontem, vale o destaque pelo ineditismo da cena (ainda que estejamos na segunda década do século XXI)".

O conjunto imagem/afirmação rendeu volume significativo de participações via compartilhamentos e, principalmente, comentários. A cronista se diverte analisando a recepção do que escreve e é publicado no ciberespaço. É um satélite muito diferente do planeta da publicação impressa, mas isso é tema para outra crônica.

Maria Júlia Coutinho havia superado o episódio recente de discriminação racial sofrida na web, encerrado com direito de resposta em grande estilo na tela do programa jornalístico. Heraldo Pereira, com o bom desempenho de sempre, embalava a audiência com voz doce e dicção perfeita, afinada até. E então, os dois protagonistas negros, de maneira inédita na história da tevê brasileira, adentraram as casas de milhões de pessoas, guiados pela sobriedade e competência habituais, ao mesmo tempo. Durante alguns segundos a tela do *Jornal Nacional* foi tomada por dois jornalistas negros, uma mulher e um homem.

Muita gente, chocada pela novidade, sentiu necessidade de se posicionar, a começar por um cidadão que louvou o "entusiasmo" da cronista. Algo que, em absoluto, ela não intentou sugerir. Apenas foi irônica. O entusiasmo ficou por conta da interpretação do leitor. No entanto, é necessário reconhecer que mesmo uma escritora de ofício corre o risco de não lograr dizer o que pretende e talvez por isso um leitor confunda ironia com entusiasmo.

A reação numericamente majoritária foi a dos que desejavam que tudo continuasse como dantes no quartel das assimetrias raciais de Abrantes, haja vista que seus postos e patentes estavam salvaguardados e qualquer movimento novo no cenário racial pode abalar os privilégios dos herdeiros da casa-grande. Foram abundantes frases como: "Precisa dessa apologia? Por que o fato de serem dois negros tem-se que achar ineditismo?". Ou: "Viu como tem racistas? Eles sempre veem racismo em tudo! Eu só fui entender o assunto após ler os comentários".

A apologia criticada não se explica. O interdito do racismo brasileiro, orientador poderoso mais frequente nas relações humanas por aqui, é algo dado. Por que o espanto? Afinal, é tão comum ver profissionais negros em posição de destaque, principalmente no canal de tevê mais reacionário do país. A pá de cal foi a acusação de que são os negros, com suas expressões incorretas (o destacado ineditismo da cena), que criam o racismo.

Ainda no diapasão de manutenção do status quo, registraram-se as afirmações como "Isso quer dizer que eles venceram na vida" e mais meia dúzia de bobagens do racismo cristalizado como açúcar: "No cemitério tem buraco igual pra todo mundo" e "Deus criou o ser humano", somadas ao conhecimento pseudocientífico sobre a melanina.

Abre o pelotão dos ingênuos no trato das disparidades raciais a sentença-clichê: "Eu fico triste com o ser humano que presta atenção nesse detalhe. Para mim vejo duas pessoas. Se é branco, preto, albino, amarelo... somos todos seres humanos iguais, filhos do mesmo pai". Houve os que disseram que não perceberam, afirmando que, para eles, a cena foi "normal". Cabe perguntar: a normalidade seria sinônimo de habitualidade, de ocorrência frequente da cena?

Brotaram também os mais descolados que ingênuos: "Ué! Acho tudo tão normal. O que houve de extraordinário? Dois ótimos profissionais, não é isso? Uma dupla como outra qualquer". Oxalá um dia seja, mas, nos padrões raciais eurocêntricos hegemônicos que regem a sociedade brasileira, dois profissionais negros juntos e naquela condição é algo raro.

Além dos *color-blinds*, os pretensamente ingênuos seguiram sua ladainha: "Não entendi o espanto da imagem. São excelentes repórteres no exercício da profissão" e ainda (assim) "os dois (negros de um modo geral) têm que revidar com competência e isso eles têm". O xarope inócuo da meritocracia é apresentado reiteradas vezes como panaceia para o problema do negro no Brasil; todavia, o suposto ingênuo não abre mão da pretensão e da arrogância para prescrever como os negros devem se comportar rumo à superação do problema racial.

Houve também os otimistas, que asseveraram coisas como: "E a história continua mudando, outros tempos. Quem achou que isso não fosse acontecer, errou". É importante mesmo nutrir visões otimistas da humanidade e vibrar com as conquistas, mas sem perder de vista a criticidade.

Houve, ainda, o sentimento de recompensa, talvez externado por alguém calejado na luta contra o racismo: "Achei que nunca veria isso".

O ufanismo tomou conta de muitos: "Estava adorando esse dia", "adorei, momento lindo", "show", "fiquei tão feliz", "sensacional". Por fim, segundo a versão entusiasta (isso é mesmo entusiasmo), "devemos todos nos sentir orgulhosos".

O estranhamento das opiniões críticas foi o que mais acrescentou ao debate: "Por alguns minutos pensei que estava na casa do primo que mora em Toronto", "eu bati o olho e pensei que fosse um canal de tevê norte-americano", "a aparição foi simbólica porque quebrou a convenção do telejornalismo dinamarquês praticado no país".

Os jovens, com a irreverência permitida pela idade, trataram logo de berrar: "Vai tá tendo negros em todos os lugares, sim! É bom ir se acostumando". Outros destacaram os bons exemplos de negros bem-sucedidos, necessários à formação dos filhos, e também exemplificaram situações correntes de discriminação no mundo midiático.

Diversos críticos focaram sua artilharia na demagogia, no cinismo e na hipocrisia da Rede Globo no tratamento dispensado à política, às questões raciais e às pessoas negras e despossuídas.

Por fim, depois que Maria Júlia Coutinho entrou em férias dois ou três dias após a dobradinha histórica com Heraldo Pereira, faz todo sentido o excerto crítico final: "Toda vez que vejo a Globo fazendo coisas que parecem avanço, me pergunto o que eles querem com isso".

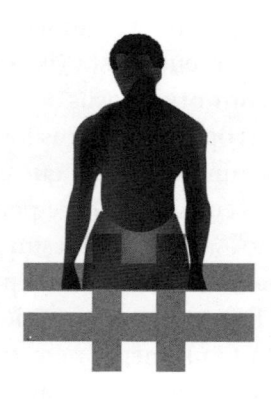

A GLOBO E O RACISMO

△ o longo dos mais de cinquenta anos de vida da Rede Globo, a empresa cuidou de oficializar a não existência do racismo no Brasil por meio de apologia à democracia racial, folclorização dos negros nos terrenos esportivo e cultural e pela discriminação racial explícita ao segmento, principalmente em programas humorísticos, novelas e programação dos fins de semana.

O que derrubou a Globo do cavalo foi a reação de grupos racistas, e também de outros indivíduos, à ascensão profissional da jornalista Maria Júlia Coutinho. A presença da repórter do tempo, como Maria Júlia ficou conhecida, no *Jornal Nacional*, espaço mais nobre da Globo, armou chuvas e trovoadas e os racistas saíram do armário. Grupos especializados em agredir *personas* negras nas redes sociais a atacaram.

Segundo investigações policiais preliminares e depoimentos dos acusados, as agressões e sua repercussão acumulam pontos em competições criminosas, cujo objetivo é desestabilizar pessoas negras famosas.

Movidos pelo mesmo objetivo, os grupos assolaram as atrizes Taís Araújo, Sheron Menezzes e Cris Vianna, valendo-se de semelhante léxico racista. Juliana Alves, outra atriz global, sofreu igual violência, mas optou por enfrentá-la envolvendo-se em campanha educativa de combate ao racismo nos meios virtuais, idealizada pela ONG carioca Criola.

E agora, Ali Kamel? Os ataques racistas à jornalista e às atrizes deixaram a Rede Globo de calças na mão quando colocaram em xeque sua posição oficial de inexistência do racismo expressa em *Não somos racistas: uma reação aos que querem nos transformar numa nação bicolor.*

Choveria no solo molhado se afirmasse que a participação de pessoas negras como profissionais de destaque na Rede Globo, e de resto na televisão brasileira, é ínfima. Mais eficaz seria se comprovasse que os mesmos rostos negros, todos na área de jornalismo, apareceram com frequência definida na telinha ao longo das cinco décadas de vida da emissora. Não me recordo de uma apresentadora negra de programa infantil, esportivo ou de variedades. Especular sobre a escolha de um protagonista negro para substituir Luciano Huck, Fátima Bernardes, Xuxa (quando lá estava) ou Ana Maria Braga deve soar como piada a muitos leitores. A única lembrança de uma representante negra fora do jornalismo, que cada vez mais se configura como entretenimento também, vem da infância, quando a cantora Alcione apresentava o programa de samba *Alerta Geral* (1978-1979).

As estrelas negras do jornalismo são ironicamente tratadas pelas revistas de celebridades como "os jornalistas negros mais queridos da Globo". São, de fato, praticamente únicos. Além disso, não existe a lista dos "jornalistas brancos mais queridos", só a relação dos parcos negros fora de lugar.

Glória Maria, veterana do grupo, é a mais visibilizada entre os "negros mais queridos". Começou praticamente junto com a emissora, como estagiária, ainda na década de 1960. Abel Neto realiza competentes coberturas esportivas. Heraldo Pereira cobre folgas e férias de Bonner no *Jornal Nacional*. Zileide Silva atua em grandes reportagens de teor político, tais como as eleições presidenciais e o cotidiano do Congresso Nacional. Tornou-se mais conhecida pela cobertura dos atentados de 11 de setembro de 2001. À época, a repórter era correspondente da Globo em Nova York. Ela, nos primeiros tempos, e Heraldo Pereira, ainda hoje, recebem maquiagem pesada que os empalidece. O racismo explica bem o porquê.

Quem tem tevê a cabo e algum tempo livre durante a semana para acompanhar Flávia Oliveira nas tardes da Globo News pode desfrutar de análise econômica simples e útil, acessível aos consumidores habituais de arroz, feijão, batatas e ovos fritos. Ainda no cardápio, a jornalista especializada em economia oferece humor, ironia, assertividade e crítica de arte e cultura de primeira grandeza. Se Flávia Oliveira comentasse os acontecimentos econômicos diários do Brasil e do mundo no *Jornal da Globo*, certamente traduziria o economês das variações do PIB, da oscilação das bolsas, do superávit primário e das commodities para uma linguagem inteligível. Tudo isso faria mais sentido para as pessoas às quais a Globo quer convencer de que o aumento do salário mínimo é ruim. Compreenderíamos também como, mesmo na propalada crise, as pessoas de todas as classes socioeconômicas consumiam tanto.

Maria Júlia Coutinho, depois de décadas sem renovação do time da Rede Globo, deu mais brilho ao seleto grupo. Em mais de cinquenta anos de jornalismo global conseguimos formar uma Seleção de titulares de futsal sem banco de reservas.

A considerar o movimento ritmado da carruagem, o enfrentamento ao racismo, bem como outras pautas candentes de direitos humanos, se manterá distante da programação global. Essa é a lamentável, previsível e forçosa conclusão até para os mais otimistas.

CORAÇÃO SUBURBANO TAMBÉM FERE E SE LOCUPLETA DA ESTIGMATIZAÇÃO DAS NEGRAS

Sou fã de Elisa Lucinda. Fã mesmo, de verdade, tanto porque a poesia dela me toca muito quanto porque a acho excelente poeta. Não só eu, gente importante como Nélida Piñon tem a mesma opinião e isso deve significar que ela é boa mesmo, ao contrário do que pensa meu amigo e poeta Ronald Augusto.

Aliás, acho que os setores da crítica que torcem o nariz para a poesia de Elisa também o fizeram para Mário Quintana e Adélia Prado. Gente grande, mas muito simples e de linguagem acessível, que se ocupa do comezinho da vida dos viventes para poetar.

Já assisti vários espetáculos de Elisa no Rio e em São Paulo. Certa vez ganhei um livro por responder corretamente à pergunta feita pela poeta ao final do espetáculo. No Rio fui duas vezes à Casa Poema, em Botafogo, e lá assisti um espetáculo encenado por Elisa e um grupo de atrizes e atores negros, entre eles Sandra de Sá e Iléa Ferraz. Prestigiei por dois anos consecutivos o espetáculo de encerramento da turma de alunos da Casa Poema em teatros lindos.

Também assisti uma performance de Elisa em Salvador e dessa feita aconteceu uma situação constrangedora. Um pequeno grupo de mulheres negras, do qual eu não fazia parte, talvez muito animado com a presença de uma atriz e poeta negra magnífica no palco, talvez por não ter costume de frequentar teatros, conversava sem parar. Elisa precisou interromper a atuação e pediu silêncio porque o grupo a estava atrapalhando.

O fato de ser fã-leitora de Elisa e de acompanhá-la sempre que tenho oportunidade, desde que a conheci numa apresentação contratada pelo Conselho da Comunidade Negra ou da Mulher Negra em São Paulo, em algum ponto entre 1990 e 1992, quando divulgava o livro independente *A lua que menstrua*, me permite afirmar que o público que vai vê-la no teatro é maiormente branco. Como imagino que também sejam seus leitores e fãs, isto é, quem prestigia e paga pelo valoroso trabalho de Elisa é o público branco. Como de resto é também branca a parte mais substantiva do público de grandes artistas negros brasileiros.

Em contraponto, só pelo exercício de pensar, pergunto-me quantos artistas negros consagrados se ocuparam da formação do público negro em algum momento da carreira. Acho honesto perguntar, como acho necessário dizer também que percebo o quanto boa parte dos artistas negros, comprometidos com o público branco, que, em última instância, valoriza seu trabalho e garante seu sustento pela arte, relativiza ou minimiza a crueza do racismo brasileiro.

De toda sorte, este longo preâmbulo se justifica por dois motivos. O primeiro, já enunciado, é que sou fã-leitora de Elisa. Tenho por ela respeito e admiração imensos e nos parágrafos que se seguirão, discordarei completamente do texto "Coração suburbano" escrito pela poeta em defesa de Miguel Falabella, criador do famigerado programa televisivo *Sexo e as negas*. Pode ser bobagem, mas parece que eu precisava pedir uma espécie de licença para, na condição de fã, discordar diametralmente de alguém que tenho na melhor conta. O segundo motivo é que, de antemão, desautorizo qualquer uso do meu texto para atacar as escolhas estéticas da literatura de Elisa Lucinda. Explico: existe uma moçada que a critica porque ela não se posiciona como certo modelo de escritora negra imbricado com o ativismo político de combate ao racismo por meio da literatura. Elisa, então, é acusada por muitos de "não ser negra de verdade". Acho isso uma grande besteira e defendo seu direito de escrever o que quiser, quando quiser e como quiser, embora saiba que ela não precisa de mim para defendê-la, e faço tal afirmação para desautorizar a utilização do meu texto para esse tipo de finalidade.

Ora, se cada um tem o direito de escrever o quiser, não é contraditório que estejamos criticando Falabella? E mais, por que o programa seria famigerado antes mesmo de ir ao ar? Cada um tem o direito de escrever o que quiser e a recepção ao texto também tem o direito de reagir e se posicionar como achar mais conveniente.

O texto é famigerado pelo próprio título, *Sexo e as negas*, exemplarmente discutido por Fabíola Oliveira ao explorar as conexões entre as palavras "sexo" e "negas" em diferentes imaginários.

No imaginário da mulher negra, historicamente vilipendiada pelo racismo e suas múltiplas manifestações, o estupro de escravizadas por escravizadores é um fantasma vivificado pelo título da série televisiva. A hipersexualização do corpo também pesa nas costas da mulher negra de maneira incompreensível ao coração suburbano cego ao espectro de solidão e abandono que persegue as mulheres negras comuns.

O imaginário branco, por sua vez, vincula a hipersexualização do corpo negro ao sexo fugaz, pago, superficial, descomprometido e muitas vezes violento. Os sentimentos de amor, respeito, cuidado, cumplicidade não são associados ao corpo da mulher negra do dia a dia, aquela que não usa o botox da resignação para enrijecer os músculos do riso e gargalhar, mesmo quando destruída pela humilhação e pela dor impostas pelos inofensivos corações suburbanos.

Em última instância, os dois imaginários, o negro banhado pela dor da experiência, e o branco pautado por estereótipos racistas, desqualificam e reduzem o sentido do sexo pleno quando atrelado às mulheres negras, chamadas por Falabella de "negas". Como argumenta Fabíola Oliveira: "O sexo com a mulher preta é o que permite a violência, o escárnio, a insensibilidade e a relação mercantil. Mulher preta que reclama atenção emocional geralmente é rechaçada e posta no seu lugar de 'mula'. O sexo com a mulher preta quase nunca dialoga com a beleza ancestral desse corpo. Nunca é o sexo simbólico: é sempre aquele no escuro dos becos, ou no silêncio do adultério. A mulher preta é sempre a outra, a coadjuvante – protagonista apenas nas questões fisiológicas, com todo o seu aparato emocional e humano desconsiderado". Tudo isso dilacera o imaginário da mulher negra e alimenta perversamente o imaginário branco.

A defesa que Elisa Lucinda faz de Falabella, propriamente, de certo ponto de vista, parece-me algo compreensível. Falabella é seu amigo, e se não formos nós a defender os próprios amigos, quem o fará? E devemos fazê-lo, principalmente quando compartilhamos seu ideário. Entretanto, daí a querer que compreendamos e aceitemos as boas intenções do alardeado coração suburbano do moço há uma distância sideral.

Vejamos: lidar com a não intenção de discriminar do discriminador, à medida que isso lhe permite discriminar de maneira efetiva e impune, faz parte do rol de afetos correlatos ao racismo brasileiro. E, ironicamente, as práticas discriminatórias bem-intencionadas não soam falsas como o assassino que declara: "Eu não tinha intenção de matar, mas, num momento de privação de sentidos, atirei na cabeça da pessoa, ou joguei a criança da janela do quarto andar".

Dito de outro modo, discriminar racialmente e negar a discriminação faz parte da liturgia do racismo brasileiro, porque, por aqui, a gente é submetida ao absurdo cotidiano de provar que o racismo existe e de demonstrar que determinados comportamentos, os quais em qualquer lugar do mundo seriam entendidos como manifestações racistas, aqui são absolvidos pela intenção de não discriminar.

Havemos de concordar que a suposta intenção de não discriminar tem sido ferramenta eficiente de controle dos negros e proteção ao funcionamento do racismo institucional. É o caso de Falabella. No título do programa de tevê, ele evoca a lista de estereótipos de hipersexualização do corpo da mulher negra, mas não tem a intenção de discriminar porque não é racista (notem que de maneira solidária ele gera emprego para artistas negros) e, não sendo racista, como poderia discriminar alguém? Ele, com seu coração grandão e suburbano... Nós é que não sabemos rir, não temos humor!

A propósito, por falar em falta de humor dos negros estereotipados e riqueza de humor dos brancos que estereotipam, Luanda Nascimento foi precisa: "A maioria dos humoristas brancos no

Brasil não cumpre o papel do humor: 'distensionar'. Pelo simples fato de não aplicarem a primeira lição do Clown, hiperbolizar e ridicularizar suas próprias idiossincrasias. Ao ridicularizar o preto que é historicamente oprimido no Brasil, não há nenhum 'distensionamento', apenas reprodução de racismo com 'licença poética'. Ao ridicularizar o gordo sendo magro, quando o padrão biotípico é da magreza, não se produz distensão, mas tensão para quem normalmente já é estereotipado. Ao se valer da imagem do morador 'do asfalto' (com coração suburbano, acrescento) sobre o que sejam costumes, hábitos e vivências da favela não se produz humor, se produz estereotipia higienista social".

Poxa, acho desleal que Elisa pergunte, num texto apressado e mal escrito (desalinhado de sua escrita habitual), por que a comunidade negra se cala diante da ausência de negros na tevê. É desleal porque não é verdade. Faz-se muito barulho. Talvez, antes de Falabella ser atingido, Elisa não tivesse ouvido o clamor da comunidade negra pela presença (qualificada, protagônica, digna) de atrizes e atores negros na tevê, via posts na internet, discussões em bares, salões de beleza, em salas de aula, monografias, dissertações, teses, artigos científicos e de opinião, na literatura e dramaturgia negras, em ações específicas e repetidas do Movimento Negro. Talvez nunca tenha visto a comunidade negra que consome no Saara e na 25 de Março apoiando os modelos negros que exigem espaço profissional nas grandes feiras de moda, como a São Paulo Fashion Week, às quais é improvável que venham a frequentar como público habitual e consumidor.

Existe um mundo negro pautado pela noção de pertencimento a uma comunidade de destino, que luta por seus indivíduos isolados nos mais diversos setores sociopolíticos, simplesmente porque eles integram um só povo, o povo negro, enquanto outros irmãos e irmãs se dissolvem e se perdem no mundo branco. A tal comunidade negra, a seu turno, tem bradado há décadas por negros que não estão nem aí para ela e continuará a fazê-lo porque sabe como o racismo opera e, por isso, não virará as costas aos negros em nome dos brancos amigos.

Não sou público para a série *Sexo e as negas*. Não sou profissional de comunicação que por dever de ofício precise assistir a esse tipo de programa, embora tenha dedicado um livro inteiro – *Racismo no Brasil e afetos correlatos*, de 2013 – a discutir, por meio da criação literária, a mídia e as relações raciais ali representadas, especialmente em produções dramatúrgicas globais que assisti atenta, critiquei e elogiei. Sou criadora, escritora e não demonizo a televisão, assisto o que me interessa, o que o tempo permite. Quando tenho televisão, é verdade, porque, no momento, tenho tanto trabalho criativo a fazer e tão pouco tempo disponível para realizar que optei por não ter uma.

Gosto de poesia na prosa, inovação de linguagem, bons diálogos, dramaturgia criativa. Meu tempo é precioso demais para desperdiçar com humor abjeto e diálogos boçais de cristalização do olhar branco sobre a miséria da vida do negro. Definitivamente, esses programas enlatados pela fórmula do riso fácil, do sucesso junto ao público que se acha desprezível e por isso acha graça em se ver desprezado, não me fisgam como telespectadora.

RASTRO DE PÂNICO DO RACISMO BRASILEIRO

Menos de 24 horas após a exibição de um personagem racista chamado *Africano* no programa *Pânico* da Rede Bandeirantes, a emissora emitiu pedido público de desculpas à parcela de sua audiência que respondeu de maneira negativa e veemente ao personagem.

Em cena, um ator branco usando blackface e roupa de malha preta cobrindo todo o corpo. O personagem emite sons indecifráveis em alto volume, movimenta-se como macaco e bebe água direto da torneira, talvez inspirado pela Chita, macaca de estimação do Tarzan, que, nos episódios do seriado, matava a sede dessa forma. Também aproveita para satirizar práticas espirituais de limpeza do corpo e da alma com galhos verdes, alguns deles com flores nas pontas, em provável alusão às práticas rituais de origem africana e indígena.

O personagem fica na borda de um tacho e isso pode ter duplo sentido. Existe ali dentro um líquido que, por um olhar, pode ser parte do processo de limpeza, uma infusão com essa finalidade, mas, por outro, como se trata de um personagem caricato e visivelmente depreciativo dos povos aos quais ele se liga pelo nome e pelas características físicas, a situação pode também evocar o canibalismo e naquele tacho o personagem poderia ser cozido.

Assim funciona a semiótica, não? Signos que despertam o imaginário coletivo e nos levam a construir sentidos e histórias.

As provocações feitas pelo personagem Africano são todas depreciativas, desumanizantes. O que faz o racismo senão destruir a humanidade de quem é por ele alvejado? Sim, porque o racismo tem mira, foco e objetos (determinados seres humanos) a alcançar e destruir.

Na defesa da emissora, o setor de comunicação, não se sabe se por idiotia ou fuga das aulas básicas de Antropologia e História, mistura grupos nacionais e/ou étnicos que o programa também se orgulha de discriminar (mexicanos, chineses e árabes), com grupos-alvo de racismo (os negro-africanos e seus descendentes).

Todas as vezes que surge uma personagem negra estereotipada como essa nos programas de entretenimento aos domingos, a segunda-feira das crianças e adolescentes negros na escola será um filme de terror que se estenderá por semanas, meses e anos, a depender da duração da personagem na tevê. E os familiares dessas crianças perderão horas, dias, semanas e meses preciosos de educação, lazer e fruição ensinando-as a reagir, a não sucumbir, a manter a cabeça erguida, a preservar o amor-próprio diante de tanta violência direcionada e objetiva.

Os exemplos racistas da tevê também inspirarão situações de discriminação racial na escola, minimizadas por professoras e professores cansados e despreparados, para dizer o mínimo. As crianças e adolescentes negros que não tiverem tido as lições de sobrevivência do amor-próprio ministradas em casa se sentirão sozinhos, desprotegidos e injustiçados.

Um dia perderão a paciência e poderão chegar às vias de fato com colegas racistas, como último recurso de autodefesa. Então serão taxados de violentos, serão estigmatizados na escola, perderão o estímulo para permanecer naquele ambiente, evadirão com facilidade e a redução da maioridade penal será apontada como solução para retirá-los mais cedo do convívio social e puni-los por terem reagido, da maneira que lhes foi possível, à opressão racial.

Na sociedade abrangente, não faltarão guardiões do *status quo* para taxar de sandice e vitimismo a desmistificação da engrenagem de funcionamento do racismo. É o velho artifício da casa-grande para manter-se casa-grande e em pleno funcionamento.

O BOICOTE DOS NEGROS À FESTA BRANCA DO OSCAR

A total ausência de atores e atrizes negros na lista de indicados ao Oscar pelo segundo ano consecutivo (2015/2016) chamou para a briga gente do *mainstream* cinematográfico negro-estadunidense.

O diretor Spike Lee exercitou o conhecido humor mordaz ao afirmar no Instagram: "É mais fácil um afro-americano ser presidente dos Estados Unidos do que presidente de um estúdio de Hollywood". Em seu entendimento, o problema da ausência de diversidade nos resultados antecede as indicações. Está alojado na insuficiência de negros, latinos e outros não brancos no elenco da tevê aberta e das redes de tevê a cabo. E também nas áreas executivas dos estúdios, responsáveis pela escolha dos artistas.

A atitude corajosa do diretor tem compromisso com o enfrentamento do racismo contemporâneo, vivíssimo, mesmo em países nos quais existe número significativo de negros bem-sucedidos, como os Estados Unidos. Basta ver que em 86 anos de premiação, nos quais foram entregues 172 Oscars, as atrizes negras só foram agraciadas seis vezes.

A premiação de cinco atrizes negras coadjuvantes começou em 1940 (onze anos depois de criado o prêmio), com Hattie McDaniel, uma criada que cuidava de Scarlett O'Hara em *E o vento levou*. Contam que ela não compareceu à entrega do prêmio, intimidada pelo crescimento da Ku Klux Klan no sul do país.Cinquenta anos mais tarde, Whoopi Goldberg foi premiada pela atuação em *Ghost: do outro lado da vida*. Sua personagem era trambiqueira e passava por louca quando conveniente, típico papel destinado a atrizes negras.

Doze anos depois, em 2002, portanto, Halle Berry recebeu o primeiro Oscar de melhor atriz principal entregue a uma mulher negra pela atuação em *A última ceia*, como esposa de um presidiário negro condenado à morte.

Oito anos passados e retoma-se a saga das negras coadjuvantes. Em 2010 Mo'Nique performou a mãe de uma mulher jovem, obesa, dependente química, estuprada durante anos pelo pai, engravidada por ele e, por fim, contaminada pelo HIV em *Preciosa: uma história de esperança*. Em 2012, Octavia Spencer foi premiada pelo papel de empregada doméstica no filme *Histórias cruzadas*. Em 2014, Lupita Nyong'o atuou como escravizada em *12 anos de escravidão* e venceu na categoria de melhor atriz coadjuvante.

As atrizes negras premiadas ao longo da história do Oscar, de 1929 a 2015, representam 3,5 por cento do total de premiações. É interessante atentar também para os papéis representados por elas. Qualquer leitor menos atento poderá perceber que são papéis historicamente destinados a mulheres negras, tais como escravizadas, empregadas domésticas, trapaceiras, quartos de despejo do mundo.

A insurgência de Spike Lee chama a atenção para as manifestações racistas que transcendem o extermínio físico perpetrado pelo uso abusivo da força nas operações policiais, pela superlotação das prisões, pela pena de morte e pelos assassinatos praticados pelo Estado. Além disso, revitaliza a força dos boicotes, tão importantes nas conquistas dos negros estadunidenses. Ao cabo, convoca todas as personalidades negras e pessoas brancas antirracistas a se solidarizarem e a se responsabilizarem pela alteração desse estado de coisas.

A presidenta da Academia, Cheryl Boone Isaacs, reagiu imediatamente. Em discurso inflamado, com termos fortes escolhidos a dedo, anunciou a necessidade de "medidas drásticas" a serem adotadas na composição do júri. Para termos uma ideia da gravidade da situação, dados do *Los Angeles Times* apontam que 93 por cento dos acadêmicos são brancos e 73 por cento são homens com idade média de 63 anos.

A ideia de Isaacs, negra, como se sabe, foi dar prosseguimento ao movimento de renovação iniciado na Academia nos anos 1960 e 1970, marcado pela escolha de membros mais jovens. A meta mais ousada pretende tornar a Academia mais diversa em todos os sentidos: gênero, faixa etária, raça, etnia e orientação sexual. Dessa forma, a hegemonia branca e heterossexual encarregada de deixar os negros de fora na premiação de Hollywood será abalada.

Na terra de Trump as coisas são assim nos casos de discriminação racial em que o consumo está envolvido, pesou no bolso, estremeceu as bases econômicas. É quando o racismo arrefece. Até o racismo de Hollywood.

O MÉRITO DO OSCAR 2016 FOI DEBATER O RACISMO NA INDÚSTRIA CULTURAL

Há alguma coisa de podre no Reino da Dinamarca quando um ator negro, decano do teatro e da televisão brasileiros, expressa compreensão ao racismo na indústria cinematográfica de Hollywood nos mesmos moldes de uma atriz branca, inglesa, também veterana, sabidamente afinada com a direita europeia. O ator, no caso, é Milton Gonçalves e a atriz, Charlotte Rampling. Em comum, a idade. Ela, septuagenária. Ele, octogenário.

Mas, pelo que se observa do mundo, a idade não faz das pessoas necessariamente conservadoras. Fernanda Montenegro, por exemplo, mais velha do que ambos, emitiu opinião contundente e reveladora sobre uma telenovela, supostamente incômoda porque duas mulheres octogenárias se relacionavam afetiva e sexualmente. Na percepção acurada da magnífica atriz, o que tirou as pessoas do conforto irreflexivo do sofá não foram as velhas amantes com quase duzentos anos de vida somados, mas o número nunca visto de personagens negros empoderados da trama, distantes das posições de (de)mérito a que os conservadores brancos e negros costumam relegá-los.

No caso da total ausência de atrizes e atores negros indicados ao Oscar 2016 e ao reativo boicote à cerimônia anunciado por alguns artistas, Milton Gonçalves declarou: "A Academia não é racista. Existe preconceito nos Estados Unidos? Claro, como existe em qualquer lugar. Se nenhum negro foi premiado, é porque nenhum negro fez um filme bom como os anteriores fizeram".

Charlotte Rampling, no outro lado do mundo, menos contundente que Milton Gonçalves, expressou opinião semelhante: "Isso é racismo contra os brancos. É difícil saber se é o caso, mas pode ser que os atores negros não merecessem estar na reta final".

Nome abalizado do audiovisual brasileiro, Joel Zito Araújo estranhou o comentário do ator brasileiro e postou o seguinte numa rede social: "Eu não sabia que Milton era um dos votantes da Academia, para fazer uma defesa tão ardorosa assim da correção das indicações. Uma postura que nem a presidente da Academia (uma mulher negra) teve".

Lembremo-nos de que em outros tempos, antes de Morgan Freeman também se revelar um conservador em questões raciais, o cineasta brasileiro, frente ao conservadorismo político de Milton Gonçalves e aos ataques decorrentes, viu-se obrigado a convocar os críticos a resguardá-lo como patrimônio cultural negro, como nosso Morgan Freeman. As coisas parecem ter mudado e dessa vez o diretor considerou indefensáveis as declarações do ator.

É, de fato, um despropósito, para dizer o mínimo, referendar às cegas uma comissão selecionadora da indústria cinematográfica de Hollywood, composta por 93 por cento de pessoas brancas. É acreditar (ou pelo menos fingir que se acredita) na neutralidade da política.

A presidenta da Academia, Cheryl Boone Isaacs, acostumada a jogar o jogo do poder com lado definido – nesse caso, o das pessoas não brancas nos Estados Unidos –, anunciou duas medidas imediatas para minimizar as discrepâncias nas indicações ao prêmio, entre outras alterações de médio e longo prazo.

A primeira é, valendo-se de suas prerrogativas de presidenta, acrescentar três novos membros ao conselho curador com mandato de três anos. Especula-se que, pelo menos, serão escolhidas uma mulher e uma pessoa negra para essa instância diretiva. Viola Davis, quem sabe? A segunda decisão é incluir novos membros na comissão executiva, responsável pelas decisões-chave sobre adesões e governança. Em outras palavras, Isaacs tem consciência de que é preciso incluir representantes dos grupos discriminados nas instâncias de poder para modificar as coisas.

Enquanto isso, na terra brasilis, a discussão sobre o racismo no Oscar que, em suma, faz parte do debate acerca de seu enraizamento e de suas manifestações no mundo, em todas as instâncias e de diferentes formas, é esvaziada pela opinião dos supostos especialistas no funcionamento da indústria cinematográfica. Como se a engrenagem da exploração de pessoas e da massificação de ideias e produtos no mundo contemporâneo não tivesse componentes racistas intrínsecos que não devessem ser problematizados.

Enfim, o Oscar é apenas um detalhe, um dos inúmeros aspectos da complexa engrenagem racista que move a roda do mundo, visto de nossa posição quilombola de observação do mundo.

CHRIS ROCK E O RISO AMARELO
DA PLATEIA BRANCA DO OSCAR

Ouvi o esperado discurso de Chris Rock, apresentador do Oscar 2016, como um desagravo à ausência de indicados negros nas categorias de melhor ator e atriz pelo segundo ano consecutivo.

Não houve ali um negro divertindo os brancos, como vários internautas reclamaram. O riso da maioria, entretanto, em resposta a situações aviltantes para os negros, deveria ser alvo de questionamento. Que graça tem a ausência do segmento em 71 das 88 edições do Oscar? Ou, ainda, o que há de engraçado na sugestão de um prêmio *in memoriam* para os negros baleados e mortos (por policiais) a caminho do cinema? E os brancos riram disso.

A responsabilidade pela audiência majoritariamente branca não é de Rock, que faz humor para o público que o assiste, e não só para os negros.

Aliás, o apresentador ridicularizou o grande número de brancos da plateia ao dizer, logo de entrada, que trombou com uns quinze negros do lado de fora do auditório. Para quem não entendeu a piada, foram quinze negros entre centenas de brancos.

Mais à frente, o comediante ironizou outra vez a falta de representatividade negra ao narrar um encontro hipotético de gente do meio artístico com Obama, no qual estivessem presentes os quatro artistas negros de sempre, pulverizados entre dezenas de produtores brancos que não contratam artistas negros. Além de ironizar o pequeno número de negros, chamou esses artistas de "suspeitos". Quem é alvo usual da suspeição racista compreendeu o chiste.

Na intenção de decodificar o funcionamento do racismo aos descrentes, explicou que o sistema escolhe alguns membros do grupo discriminado para que sejam grãos de feijão entre as sacas de arroz e para que não haja reclamações sobre a ausência (total) de negros. Afinal, os feijões foram eleitos para estar ali por serem de uma safra especial.

Essa foi a tônica de Chris Rock, conhecida de todos. O humor ácido, a ironia de um ator/humorista que se posiciona de forma crítica e politizada por meio da intervenção artística. Trata-se de um artista negro com uma marca autoral em seu trabalho, contratado como mestre de cerimônia. E Rock agiu como tal, não se propôs a atuar como militante da NAACP ou de outra organização negra estadunidense.

O artista autorizou-se a criticar detalhes do racismo endógeno de Hollywood, à medida que ironizava estrelismos, dores de cotovelo, interesses pessoais e milhões de dólares envolvidos. O caso mais representativo de tudo isso, junto e misturado, foi a postura de boicote à cerimônia, protagonizada por Jada e Will Smith, conhecidos e bem remunerados atores negros. Mas sabe-se lá quais eram as querelas entre os três. Eles, que são ricos, que se entendam.

Importa que Chris Rock exerceu seu direito cidadão e artístico de expressar as próprias ideias de maneira individual. Manteve-se, entretanto, fiel ao campo político ao qual pertence, a saber, o dos artistas negros e etnicamente diversos na sociedade de hegemonia branca e racista dos Estados Unidos.

Na performance, Rock escolheu também problematizar temas que devem incomodá-lo, pois cerceiam sua condição de humorista, como a presença do sexismo (eu diria da afirmação dos direitos das mulheres) "em tudo". Típica reclamação masculina, da qual os homens negros também não escapam.

Outro tema desconfortável no mundo da arte são os rendimentos dos artistas empregados e a carteira vazia de dinheiro e de prestígio dos que não são convidados para atuar. Ali também Chris foi cirúrgico, pois cutucou nas entrelinhas: "Escutem, amiguinhos, estou bem na fita hoje, mas sou negrão, fato de conhecimento público, e nunca se sabe por quanto tempo um negrão ficará no topo.

São milhares de dólares futuros associados a este trabalhinho aqui, não queiram que eu desperdice isso e abra espaço para vocês".

Ao cabo, foi genial o caminho escolhido por Rock para afirmar a tese do que realmente importa em sua opinião: o oferecimento de oportunidades iguais para os artistas negros. Como aquelas apresentadas ao ator Paul Giamatti, marcadas pela versatilidade. Bem como aquelas oferecidas a Leonardo DiCaprio, ano após ano.

O humor de Chris Rock é fino, nem todo mundo percebe, sejam fãs ou difamadores. Quando ele diz que Jamie Foxx é um ator tão bom que se chegasse ao hospital em que Ray Charles sobrevivia mantido por aparelhos os profissionais os desligariam porque "não precisavam de dois Ray Charles", ele não foi desumano com Charles. Ele apenas descreveu a crueldade da lógica racista, ao tempo em que destacou as extraordinárias qualidades de Foxx como ator, a tal ponto de confundi-lo com Ray Charles, evidenciando que não há lugar para dois negros de destaque. Basta um. Se surge uma novidade, mate o velho.

A plateia branca riu, mas Rock não desdenhou dos negros com seu humor nessa situação. Ele fez uma pegadinha eficiente e a audiência branca caiu na armadilha. Contudo, a pegadinha-mor foi levar a assistência a aplaudi-lo quando afirmou que os negros não reclamavam da ausência de representantes no Oscar durante os anos 1960 e antes porque estavam ocupados com outras coisas mais importantes.

Foi uma claque efusiva e redimida! Finalmente ele estava olhando o lado deles. Só que não! A jogada de mestre enxadrista veio a seguir, quando ele afirmou que não dava para reclamar da falta de negros no Oscar se sua avó estava pendurada (enforcada) numa árvore, quando os negros estavam preocupados em sobreviver aos estupros, linchamentos e a todas as formas de assassinatos. Lacrou!

Por fim, mais uma pegadinha inteligente. A sugestão aparente de categorias já convencionadas para contemplar os negros. E quando todo mundo, ou a maioria, achava que Rock proporia a inclusão dos quesitos "melhores atores e atrizes negros", ele surpreendeu, propondo a criação da categoria de "melhor amigo negro", papel tradicional reservado aos negros em relação aos protagonistas.

O humorista não militante Chris Rock demarca sua origem e diz quem é. Ele descende daquele pessoal estuprado, linchado, assassinado. Ele conhece (e explicita em cada detalhe) o lugar de melhor amigo do protagonista branco (babá, cuidadora, escada, o que leva o tiro em sacrifício) que a indústria cinematográfica reserva aos negros.

OS MOTORISTAS DE ÔNIBUS
E A FAMÍLIA NEGRA DE CARROCEIROS

Quem é pobre e nasceu em 1989, ano da primeira eleição presidencial no Brasil, provavelmente concluiu a universidade beneficiado pelo ProUni e pelas cotas raciais, quiçá o mestrado, por volta de 2014, ano da quarta eleição presidencial vitoriosa do Partido dos Trabalhadores.

Os pais dessas pessoas viveram, até 2002, tempos de preocupação com a perda do emprego, com o estoque de comida (dentro do orçamento limitado), com a inflação galopante. Em 2014, entretanto, a preocupação deles era com o desempenho dos filhos no vestibular. Podiam se preocupar também com a própria volta aos estudos via Enem. As famílias isentas da declaração de imposto de renda passaram a ter a universidade pública como possibilidade de pauta durante o almoço familiar no domingo.

Diferente de 1989, vi em 2014 um mosaico de pessoas negras na defesa de conquistas sociais, das quais eram beneficiárias diretas. Não só as que entraram nas universidades públicas federais, cada vez mais compostas por trabalhadores-estudantes, mas também aquelas que defendiam as conquistas desfrutadas pelos filhos e netos. Era tão bonito vê-las conscientes de que este país é delas, lhes pertence, lhes deve uma vida melhor, e que passos nessa direção estavam sendo dados.

Vi um motorista negro, durante engarrafamento provocado por comício pró-Dilma no Recife antigo, estacionar o ônibus, escalar as janelas do coletivo até o teto, vestir uma bandeira vermelha sobre o uniforme da empresa de transporte urbano e gritar: "Eu faço faculdade pelo ProUni!". E a multidão o aplaudiu. Na Cinelândia, outro motorista fez o mesmo.

Na Faria Lima, em São Paulo, o terceiro motorista negro entrou em ação. Enquanto observava a passeata do PSDB transcorrendo em um dos centros comerciais mais ricos e ostentatórios da América Latina, cruzou os braços sobre o volante e perscrutou as centenas de pessoas. Viu um jornalista tomando notas e puxou conversa com ele:

— Boa noite, jovem jornalista!

— Ainda não, amigo, sou estagiário.

— É isso mesmo, já está se preparando. Mas me diga uma coisa, jovem. Tá vendo algum preto aí nessa passeata?

— Quase nenhum!

— E pobre, gente com cara de pobre, roupa de pobre, tá vendo?

— Quase nada também, dois ou três.

— Pois eles estão ali, moço — aponta com os lábios para o ponto de ônibus lotado —, estão ali detonados, esperando essa porcaria de ônibus enquanto os patrões desfilam de terno, chamam a presidenta de vaca e dão vivas à polícia que mata a juventude negra na periferia das cidades. As patroas? Olha lá, ostentam joias cercadas por guarda-costas e carregam aqueles cachorrinhos-quase-gente no colo. É revoltante!

Mais à frente, ainda em São Paulo, no Largo da Batata, passou um carrão daqueles que nem sei o nome com uma placa enorme: "Fora Dilma!". Ao lado dele, uma carroça puxada por um cavalo esquálido transportava três pessoas negras, uma mulher, um homem e uma criança. Eram magros, não pareciam ter muita comida disponível, mas não tinham a cara da fome. Vestiam-se de maneira simples, porém as roupas estavam inteiras. Catadores de material reciclável, provavelmente. Aparentavam cansaço, tinham uma tristeza curtida, impressa no rosto, como couro velho que de tanto apanhar fica maleável à dor. Foram 115 anos da Lei Áurea até o Bolsa Família, mais dez anos para chegar à PEC das Domésticas em 2013. Na parte de trás da carroça, bem discreto, avistei um adesivo, "Dilma 13!", e fiquei em paz.

A esperança deles me contagiou. Seremos maioria política um dia. Eu, que já vi tanta mudança, viverei para ver mais essa.

OS NEGROS NOS PROTESTOS ANTIDEMOCRÁTICOS PRÉ-GOLPE PARLAMENTAR

Nas manifestações seletivas contra a corrupção no país, pessoas negras eram notadas pela ausência coletiva e pela presença pontual, como pingos de café no leite. Pingos amargos de lembrança dos lugares subalternizados que ainda ocupamos nesta sociedade.

O caso da babá negra, cuidadora de duas crianças brancas, e dos pais que cuidavam do cachorro, celebrizado na manifestação carioca, foi bem elucidativo. Mas é necessário registrar que outros tantos trabalhadores negros estiveram presentes, além das babás: vendedores de cachorro-quente, pipoca, água, cerveja, e de guloseimas regionais, como acarajé, tucupi, tapioca, amendoim e coco queimado, a depender da cidade. E, principalmente, mulheres, crianças e homens negros arrebentando a coluna no abaixa-levanta do recolhimento das latinhas de bebida vazias para aferir um dinheiro parco com a reciclagem de rejeitos.

Notaram-se também policiais negros em pose risonha para a *selfie* com os manifestantes brancos e "ordeiros" que, pela frente, os tratavam como seres humanos ou heróis. Já pelas costas, as "pessoas de bem" revisitavam os registros fotográficos e diziam coisas como: "Olha o imbecil achando que é gente" ou "Veja o macaco mostrando as canjicas". Bem feito! Só os imbecis acham possível a aliança com racistas.

Não nos esqueçamos também do laborioso serviço de limpeza urbana composto por mulheres e homens negros responsáveis pela coleta de lixo, varrição e lavagem das ruas pós-manifestações. Ali, os negros eram abundantes.

Além das trabalhadoras e trabalhadores negros que prestam serviços diversos nas micaretas da oposição verde e amarela, viram-se alguns negros surpreendentemente misturados a grupos nazistas, ajuntamentos de gente que espancam certos brancos porque têm cara de petistas ou vestem roupas que os identificam como "revolucionários de esquerda" na visão da extrema direita.

Não são inocentes, afirmo outra vez: são idiotas úteis. Serão os primeiros a ouvir o "Coloque-se no seu lugar", "Volte para a senzala", ou "Sabe com quem você está falando"?, tão logo se achem "iguais" em demasia.

Negros zelosos da própria segurança física evitaram passar perto das manifestações de direita, pois sabiam que só os negros da casa-grande eram bem-vindos. Os demais, quaisquer outros, podiam ser espancados até a morte.

Nesse sentido, o uniforme branco das babás negras as protegeu ao demarcar que não passavam de serviçais naquele ambiente. Não eram mulheres negras fora de lugar.

OS NEGROS NOS PROTESTOS DEMOCRÁTICOS PRÉ-GOLPE PARLAMENTAR

Um grupo bastante significativo de negros esteve alheio às manifestações pró-Estado democrático de direito. Pessoas politizadas e coerentes que se fizeram notar pela ausência.

Para elas, o mote "Não vai ter golpe!" não ecoou, não fez sentido. Afinal, na periferia, na quebrada, na favela, "tem golpe todo dia". Tem até premiação indireta para policiais pelo número de jovens negros abatidos em nome do combate à violência, da prevenção ao crime organizado, do tráfico de drogas e em "legítima defesa" da PM.

Essas pessoas negras, por sua vez em legítima defesa de fato, denunciaram que o caveirão não posa para a *selfie* com a população negra como faz com o pessoal da Paulista em dia de micareta. Na favela o caveirão arrepia!

O lema da Rondesp, a polícia baiana que executou treze rapazes negros no morticínio do Cabula em 2015, era jocoso e objetivo: "Faca na caveira, Rondesp desce a madeira".

Além de Cláudia Ferreira, arrastada pela PM do Rio em 2014, a violência letal contra as mulheres negras aumenta a cada ano e a impunidade tem eliminado qualquer esperança de transformação.

Em legítima defesa, esse grupo de negros não foi às manifestações em favor da democracia, nem gritou contra o silêncio generalizado sobre os assassinatos diários que eliminam a vida de jovens negros periféricos.

Essa gente negra ausente das manifestações escancarava também o holocausto do sistema prisional brasileiro e atirava flecha certeira na política imperialista do Brasil sobre Angola e Moçambique e na exploração multinacional das empresas às riquezas do continente africano. Também questionava o suporte brasileiro à ocupação militar no Haiti e a cumplicidade do governo federal com a Marinha do Brasil na ocupação de terras quilombolas, especialmente do Quilombo Rio dos Macacos, na Bahia.

Entretanto, em contraposição aos negros que, de maneira crítica, não participaram dos protestos democráticos, houve um grupo maior de pessoas negras que atuou fortemente na convocação e na realização das manifestações em favor da garantia e ampliação do Estado democrático de direito. Não foram melhores nem piores do que o grupo anterior, apenas fizeram uma leitura diferente quanto às estratégias possíveis de enfrentamento ao racismo e ao genocídio da população negra. Um grupo que lutou como uma menina, que lutou como Dilma, que luta neste tempo para transformá-lo.

Em São Paulo, esse grupo de negros deu o tom da diversidade cantada por Chico César. Em cidades negras como Belo Horizonte, Rio de Janeiro, Recife, Rio Branco, João Pessoa da Paraíba, estado onde proporcionalmente se mata mais jovens negros no Brasil, além de Sampa, a cidade de maior número absoluto de negros no país, esse grupo enegreceu os protestos democráticos.

Em Brasília, Fortaleza, Maceió, Curitiba, Vitória, Porto Alegre, Belém, os negros também saíram de casa para gritar em favor da democracia e do respeito aos direitos humanos, às liberdades conquistadas no combate à ditadura e contra o racismo, o sexismo, a violência de gênero, o classismo.

Essas pessoas negras acreditavam ter à frente o desafio de construir uma ideia de desenvolvimento capaz de contemplar as diversas identidades raciais e étnicas como parte das soluções de que o país necessita. Buscavam a institucionalização de uma política de promoção da igualdade racial alicerçada em arranjos que envolvam os três poderes da República e diversos agentes sociais. Essas pessoas acreditavam nas possibilidades de diálogo com o Estado e na política que se faz por meio da negociação.

Em Salvador, por exemplo, a manifestação do Campo Grande, centro da cidade, mobilizou milhares de pessoas negras como só se vê na "pipoca" dos blocos carnavalescos de apelo popular. A favela desceu. O povo de terreiro, capoeiristas, estudantes negros cotistas. As encrespadas e turbantadas, as porradeiras, as tombadeiras. As organizações negras clássicas, os militantes da velha guarda e os coletivos de arte e cultura. Os braços negros dos partidos políticos de esquerda levantaram suas bandeiras e trouxeram seus raros parlamentares. As mulheres e a comunidade LGBT-negra marcaram presença. O recôncavo da Bahia veio e até o Ilê Aiyê, sem tradição conhecida de esquerda, tocou seus tambores. A avenida Sete de Setembro e a praça Castro Alves lembravam a "pipoca" de Igor Kannário, compacta, aguerrida, sobrevivente, negra e suburbana.

O morro desceu e não era carnaval. Foi um ensaio geral na luta pela garantia de direitos conquistados e sua ampliação. Vestindo o branco de Oxalá, dono do dia, a esperança mostrou sua cara preta.

A VIZINHA, A PRESIDENTA E O CLARK KENT DA BOCA MALDITA

Saí de casa no início da noite e fui interceptada por uma vizinha no elevador. Estranhei porque ela mal abria a boca para responder quando eu a cumprimentava, mas ela estava num estado de excitação incrível e dizia coisas esquisitas: "Agora cai a sapatona e vão prender a jararaca barbuda". Eu pensei: é quarta-feira, dia de Xangô, não é justo, eu não mereço uma coisa dessas. Mas é também dia de Iansã, consolei a mim mesma, e ela não foge de uma guerra justa.

A vizinha se referia ao juiz Moro, o Clark Kent da Boca Maldita, que grampeara o telefone da presidenta da República e do ex-presidente Lula. Assim que me refiz do susto, perguntei sobre o que ela falava e ouvi isso: "Deu na televisão agora, passou no jornal, edição extra, agora eles caem".

"Mas um juiz pode grampear a presidenta? Quem autorizou? Isso não é ilegal?" Foi só fazer perguntas e as certezas dela tremeram.

A vizinha era para mim uma sentença matemática e eu queria descobrir o valor de X, quem era o X da equação dela? Eu não entendo nada de teorias psicanalíticas, mas lia ali uma pulsão sexual gritante, desesperada.

Vejamos: trata-se de uma mulher branca baiana – branca até chegar no aeroporto de Curitiba. Tem dois filhos com um homem negro, que de vez em quando vejo apanhando as crianças ou deixando-as na portaria.

Até aquele dia eu achava que a grosseria dela comigo devia-se à possível identificação racial da locutora que vos fala com o ex-marido negro (parece que se odeiam, mas quem é que sabe o que ela passou no casamento com o cabra?), não posso ter certeza, mas achava e acho. É uma identificação com o resto, já que mulheres com o fenótipo dela se casam com esses caras negros porque é o que sobra. Elas prefeririam um branco mais branco que elas, ou pelo menos tão branco quanto, mas sobram os negros na bacia das almas. Negros que buscam uma branca que atue como passaporte para um mundo menos negro, salvo-conduto no mundo branco possível e para-choque no almoço de domingo nos restaurantes de classe média baixa. Aí juntam a fome e a vontade de comer e depois têm indigestão juntos.

Mas, naquele dia fatídico, ela agiu como em final de Copa do Mundo e achou que poderíamos ser íntimas. O "combate à corrupção" proposto por bandidos, chefes de quadrilha do Congresso, da Polícia Federal e do Judiciário e por coxinhas das mais variadas patentes, muitos deles beneficiários da propalada corrupção, nos uniria. Só que não, Jão!

Eu sou do time que vibra e dá suporte às dezoito universidades públicas federais e mais de cem escolas técnicas construídas pelo "analfabeto" Lula, a maior parte delas no interior do Brasil, gerando centenas de empregos para os pós-graduados e milhares de vagas para estudantes dos rincões do país. Ao Enem e sua política de valorização do ensino médio e de acesso crescente do povo às universidades públicas. Às trabalhadoras domésticas, em especial, como as caras novas nessas universidades. Aos milhares de negros que entram a cada ano no ensino superior por meio das cotas raciais. Aos milhões de pessoas que saíram da miséria pelo Bolsa Família e por outras políticas públicas de combate à pobreza.

Na tentativa derradeira de resolver a equação, insisto que dormita no êxtase político da vizinha uma questão de fundo sexual. Uma falta de tempo e de possibilidades que submete mulheres como ela ao poder deslumbrante, deslumbrado e totalitário do Clark Kent da Boca Maldita. Quem sabe até o *sex appeal* da jararaca barbuda, que ela parece odiar tanto, ou do lenhador pantaneiro, o denunciado Delcídio alçado ao posto de denunciante pela delação premiada, lhe fustiguem a libido reprimida.

Quem sabe mesmo a inconfessável sedução da discreta blusa vermelha da presidenta na quarta-feira de Xangô e Iansã em que respondeu ao Moro por grampeá-la e anunciou que tomaria as medidas legais e administrativas cabíveis. Tão elegante estava a presidenta naquele vermelho-sangue coladinho ao corpo, bem desenhado em gola V. Acho que a vizinha não resistiu. Esse negócio de mulher pretensamente hétero que chama outras de "sapatonas" para agredi-las é sintoma do que se esconde. O estilista pessoal da presidenta acertou a mão e sensualizou sem dó. Foi cruel. Flechou em cheio o coração solitário e o corpo ardente da vizinha.

PAPO RETO: BAILE DE FAVELA EM COPACABANA COM MILHARES DE SILVAS

Antes de a favela descer no dia da votação do golpe na Câmara para tomar a orla de Copacabana pela manutenção da democracia, sob mobilização da Furacão 2000, a moçada foi convocada a tomar as ruas por Yzalú, Luana Hansen, Flora Matos, pela Frente Nacional de Mulheres no Hip-Hop, Flávio Renegado, Eduardo e Mano Brow, entre outros ícones da música que a juventude negra curte.

O rap e o funk estiveram juntos para colocar a voz da juventude negra e periférica em evidência na cena da luta democrática e de respeito à Constituição no Brasil, por meio da presença de 50 mil pessoas, segundo os organizadores.

Na concentração no Posto 3 ecoavam músicas dos anos 1980, aquelas que falavam de amor, do amor romântico, direito negado aos Silvas das favelas que pegam trem lotado, trabalham e são criticados por serem funkeiros. Que não podem amar a rainha do baile pela vida inteira porque serão mortos ainda jovens.

Mas o funk, como canta Bob Rum no "Rap do Silva", "não é motivo, é uma necessidade / é pra calar os gemidos que existem nessa cidade".

Na nossa interpretação, a letra se refere aos gemidos das comunidades feridas em Direitos Humanos básicos, que, embora expurgadas dos limites da urbe, também integram a cidade. Fala dos moradores do Pavão-Pavãozinho, Cantagalo, Cruzada, Vila Kenedy, Rocinha, Vidigal, Chapéu Mangueira, Babilônia, Vila Aliança, Santa Marta. Também do Complexo do Alemão, da Maré, dos morros de Santa Teresa e da Baixada Fluminense.

No primeiro discurso da manifestação, uma liderança comunitária deu o tom. Disse-nos que ali ouviríamos "o grito da cultura negra, o grito do funk". Ali veríamos a cara preta da "juventude negra funkeira que hoje é também juventude universitária". E segundo o discurso, "é isso (a ascensão dos negros) o que eles (os golpistas) querem parar".

Várias letras de funk foram alteradas para contemplar a situação nacional, por exemplo, "qual a diferença entre o charme e o funk / um (Dilma) anda bonito / e o outro (Lula) elegante".

Essa letra, para quem acompanha o movimento funkeiro, alude a supostas diferenças (e disputas) entre o charme, ritmo mais lento e romântico, e o funk, mais intenso e pegador.

Na interpretação política da moçada que conhece a força política de Lula junto ao povo, era a hora de aproximá-lo de Dilma para fortalecê-la, ou seja, de afirmar que não havia diferenças significativas entre ambos.

Seguiram-se discursos que pontuaram a realidade das favelas, vivida pela maioria das pessoas presentes: "Eu nunca vi bala perdida em área nobre".

Não podiam faltar também o humor e a ironia: "O Cunha vai ganhar uma passagem pra sair desse lugar / não é de trem / nem de metrô / nem de avião / é algemado no camburão / Cunha ladrão!".

É importante destacar, ainda, a participação de muita gente do asfalto sob a liderança da favela, respaldando o discurso racial politizado que o funk vocalizou naquele momento. E também a participação dos partidos políticos de esquerda (PT, PCdoB, PCO, PSOL), centrais e associações sindicais importantes, como a Central Única dos Trabalhadores e a Central dos Trabalhadores e Trabalhadoras do Brasil, o Movimento dos Trabalhadores Rurais Sem Terra, o Movimento Negro, a Associação de Mulheres Brasileiras e a Federação de Favelas do Rio de Janeiro, novamente lideradas pelo funk. Isso pode indicar alguma mudança no sentido de ampliação da escuta e abertura do diálogo para a compreensão e acolhimento das demandas dessas pessoas e suas comunidades.

Por fim, à medida que a manifestação era transmitida pela web, observamos também o debate travado entre as pessoas inscritas para acompanhar o evento. E ali ficou explícito, mais uma vez, o espírito atormentado da casa-grande.

Várias pessoas, ocultadas por codinomes, além das ofensas de praxe, misóginas e machistas à Dilma, fizeram ataques elitistas, LGBTfóbicos e racistas aos manifestantes antigolpe, apregoados em frases como: "Saiam daqui, eu comprei essa praia", "Vocês não merecem nem ser estuprados" e "Urna eletrônica é fraude". Foram comprovações já conhecidas do raciocínio profundo de batedores de frigideiras. Chegaram ao absurdo de defender Eduardo Cunha, com afirmações como: "Eles (os petistas) estão putinhos porque o Cunha está tirando a Dilma. Cunha neles". Era mesmo a voz de indivíduos muito tacanhos que queriam recuperar anéis perdidos.

Durante meia hora, a transmissão caiu. Houve manifestação bem-humorada em resposta, afirmando-se que a falha teria ocorrido por ação da CIA. Mas houve também reações racistas e classistas: "A favela roubou a câmera" e "Teve arrastão e roubaram a câmera".

Noutro momento, um professor, representante da rede estadual de ensino do Rio de Janeiro, em greve ignorada pelo governo do Estado e pela mídia hegemônica havia trinta dias, denunciou a situação e conclamou a população a apoiar os educadores, bem como os estudantes que, a exemplo de São Paulo e Goiânia, ocupavam escolas públicas pela melhoria das condições de ensino-aprendizagem. A reação de um analfabeto político foi imediata: "Reclama com o Lula, que é defensor dos pobres, né, companheiro?". Tratava-se de professores estaduais em greve. Escolas ocupadas pela resistência de estudantes no Rio de Janeiro. Em que um ex-presidente poderia interferir para resolver a questão?

Registre-se que todo mundo se mexeu, participando da manifestação ou assistindo de casa, porque o que vimos foi "som de preto / de favelado", ou seja, música dançante e discriminada por conta dos sujeitos que a produzem, "mas quando toca / ninguém fica parado".

MIRIAN FRANÇA, UMA FARMACÊUTICA NEGRA

O caso da prisão arbitrária de Mirian França, farmacêutica e doutoranda em Bioquímica, negra, sem antecedentes criminais, por longos dezesseis dias, sob acusação de ter assassinado uma turista branca italiana, Gaia Molinari, na praia de Jericoacoara, em Fortaleza, diminuiu o tom de gravidade do delito diante da reação pública contrária à prisão, externada nas redes sociais.

A ação das pessoas denunciou o racismo motivador da acusação. Como resultado, a narrativa policial foi alterada para possível participação no assassinato, não mais ato exclusivo.

Estivemos diante daquilo que Milton Santos caracterizou como a brutalidade com que a informação inventa mitos. Dizia o geógrafo em entrevista a Gilberto Gil em 1996: "Acho que vai haver uma grande mudança política, mas nós não temos noção dessa possibilidade, dessa enorme mudança, por causa da violência da informação, que é um traço característico do nosso tempo. A brutalidade com que a informação inventa mitos, impõe mitos e suprime o que a gente chamava antigamente de verdade, essa violência da informação e das finanças, criou uma certa ideia tão forte do mundo atual que a gente fica desanimado diante da possibilidade de um outro futuro".

Conseguida a liberação do cárcere, Mirian França continuou constrangida a permanecer os trinta dias seguintes em Fortaleza, ou seja, não pôde voltar para casa no Rio de Janeiro e retomar a vida sequestrada pela prisão. Esse foi o recurso encontrado pela Defensora Pública que cuidou do caso para, de alguma forma, contentar a delegada que impunha a Mirian um encarceramento injustificável baseado em contradições bizarras nos depoimentos, como o número de cafezinhos que Gaia teria tomado enquanto passara algum tempo com Mirian.

Mirian França foi transformada pela delegada e pela mídia cearense em principal acusada do assassinato de uma turista eurodescendente por meio de fortes pancadas, ainda que fosse fisicamente frágil e não apresentasse marcas de luta corporal. A imprensa local rejeitou veementemente o argumento construído pela defesa popular de que Mirian estaria sendo vítima do racismo que transforma qualquer pessoa negra em suspeita preferencial de crimes, mesmo sem provas.

Pela octo-milionésima vez havia-se que superar dois mitos reforçados pela brutalidade impositiva da informação: a inexistência do racismo no Brasil e a existência da justiça imparcial, válida para todos.

Em contrapartida, a imprensa alternativa, eletrônica, progressista e veiculada nas redes sociais, concluiu apressadamente que sua ação libertou Mirian França. Mais uma vez, Milton Santos nos socorre: "Mas se a gente se detém a pensar na maneira como o mundo está funcionando, na maneira como os pobres se apropriam da tecnologia... Os pobres e oprimidos estão fazendo, de uma maneira extraordinária, o uso das novas tecnologias, no seu trabalho, por exemplo, e estão encontrando e defendendo ideias aí pelo mundo afora e de que a gente fala pouco... Ideias de liberdade, associativismo espontâneo, solidariedade, troca ao invés de compra e venda".

Entretanto, alguns equívocos merecem ser desfeitos. A Defensoria Pública preocupada com a defesa de direitos de cidadãs e cidadãos aos quais esses direitos são negados não fica pescando casos na internet, não procura o que fazer na internet. Ela precisa ser acionada, alertada, ainda que a mobilização prioritária em torno das situações ocorra inicialmente via web.

É preciso que as pessoas gastem as solas dos sapatos e caminhem até o espaço físico da Defensoria para conversar com os defensores, ouvidorias, ou que gastem pulsos da primitiva telefonia fixa ou bônus das redes móveis para fazer uma denúncia, para acompanhar um caso.

É necessário que pessoas, de um modo geral, ativistas dos movimentos sociais ou não, conheçam quem são os defensores com quem se pode contar nas diferentes cidades e estados. Todo mundo que milita na área de Direitos Humanos tem conhecimento disso, dessa rede existente desde os tempos em que pescadores saíam para pescar todas as manhãs. Uma rede efetiva composta por defensores e militantes de outras cidades e que informe: "Olha, lá em Fortaleza tem a fulana de tal que atua na defesa dos Direitos Humanos e que dará um tratamento justo ao problema. Procurem por ela".

No caso Mirian França, muita gente se movimentou e foi movimentada: organizações de mulheres negras, de Direitos Humanos, feministas, o coordenador do curso de pós-graduação de Mirian na capital fluminense que se deslocou até Fortaleza, seus amigos e familiares que não descansaram um minuto sequer, mobilizando todas as redes e recursos imagináveis (inclusive internacionais) para libertá-la.

E, antes de tudo, houve uma organização de mulheres negras chamada Criola, baseada no Rio de Janeiro, que ao longo de mais de vinte anos construiu uma história de credibilidade junto à população negra carioca e brasileira, justamente pela reverberação dessa luta por cidadania e direitos para a população negra, cuja atuação motivou alguém a entregar uma carta em sua sede, na qual denunciava a situação de Mirian e pedia socorro.

Ali, naquele momento semipresencial e prosaico, a entrega de uma carta, toda a mobilização pela internet foi desencadeada. As providências emergenciais foram tomadas, algumas noticiadas nas redes sociais, e outras não, pois as pessoas que trabalham com causas humanitárias e cidadãs fora da internet não têm tempo de atualizar o diário virtual dos passos de seu trabalho minuto a minuto, e essa tampouco é sua intenção. Sua escola de formação política e ética prescinde do exibicionismo virtual que, desafortunadamente, pauta a atuação de muitos.

Então, nem tanto ao mar. As novas tecnologias de comunicação podem, como asseverou Milton Santos, realizar coisas extraordinárias, principalmente no campo da divulgação e mobilização de temas que, sem a atuação delas, continuariam soterrados pela imprensa hegemônica. Mas o velho e bom movimento social, que faz cartazes (não só catarse), usa o telefone, constrói redes presenciais e marcha nas ruas e avenidas, ainda tem um lugar de transformação que não foi (e é provável que não seja) substituído pelo ativismo de sofá com ar condicionado.

A intervenção política no mundo real feita no asfalto quente das contradições da realidade continua fundamental, além das curtidas, comentários indignados e compartilhamentos feitos na levada da boiada.

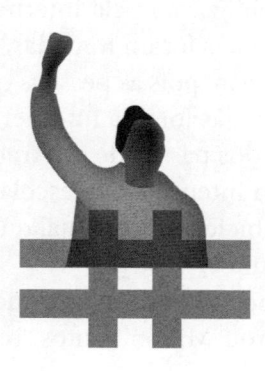

NÃO VAI TER MAMÃO COM AÇÚCAR, NENÉM!

O mundo real não nos permite dizer que o racismo esteja com os dias contados, mas a coisa está ficando preta. Embora menos preta do que o necessário, a reação e a resistência estão mais complexas, fortes e ágeis. Brotam como poejo e língua-de-vaca. De todos os cantos.

O episódio mais recente desassossegou a cronista. Não porque seja algo original, inusitado ou mais grave que o resto, mas porque acontece diariamente, a toda hora, a cada minuto. E o caminho que traçava tranquila, descalça no frugal da vida, passou a exigir botas e ferramentas para que ela se movesse em solo lamacento outra vez.

De que falamos entre tantos episódios diários na novela da discriminação racial que se desdobra em torno da vida dos negros no Brasil? Do Caso *Netflix x Boutique Filmes x +Add Casting* no recrutamento de um ator negro para a primeira série brasileira da Netflix.

A agência +Add Casting, doravante denominada recrutadora, era responsável por conseguir atores no perfil solicitado pela Boutique Filmes. Esta, por sua vez, deve ter atendido a uma exigência da Netflix de ter um ator negro no elenco principal. A empresa estadunidense que atende a mais de 50 milhões de expectadores via internet, em dezenas de países, obedece a uma política de diversidade séria. Logo, não bastava ter no elenco João Miguel, excelente ator que preserva o sotaque nordestino nos papéis nacionais que desempenha. Era preciso que sua primeira série de ficção brasileira representasse, ainda que de forma tímida, 53 por cento da população do país.

Em atendimento a essa solicitação, a recrutadora enviou uma mensagem eletrônica a grupos de atrizes e atores negros e outras associações próximas ao perfil de ator desejado pela Boutique Filmes, com a singela conclamação: "Precisamos de um ator jovem, na faixa dos 20-25 anos, muito bonito. A direção gostaria que ele fosse negro, então o ideal seria ter um ator negro e muito bonito, mas, conscientes do grau de dificuldade, faremos teste também com os bons atores, lindos, que não sejam negros".

Deu ruim! O pessoal que recebeu o e-mail, ao invés de se sentir grato, feliz e lisonjeado pela possibilidade de ter um dos seus escolhidos para um papel nobre no programa, reagiu ao racismo escancarado na convocatória e colocou a boca no trombone.

O bloco dos insurgentes tomou as avenidas da web e sambou na cara das empresas envolvidas. A Netflix, assustada, porque submetida a uma política de diversidade na qual posturas racistas geram danos à imagem da empresa e punições, cobrou responsabilidades da produtora. Afinal, sua primeira série brasileira não poderia nascer morta ou maculada pelo racismo nacional. A produtora se eximiu de responsabilidades e as jogou para a recrutadora. O caso tramita nos tribunais do cyberespaço.

ANO NOVO! VIDA NOVA?

Um cheiro repugnante de bolor tomou conta dos primeiros dias do ano e trouxe a velha desesperança. O sítio Mercado Livre, em lance de retorno ao mercado de escravizados, oferecia negros de "várias utilidades" por um real.

Ativistas políticos indignados pediram que a peça publicitária fosse retirada, exigiram direito de resposta, e o sítio se comportou como se nada de novo ocorresse em seu mundinho de brancos no poder e negros inferiorizados.

A opinião de usuários do sítio sobre o acinte racista reforçou o silêncio confortável e cúmplice da direção do mercado virtual. Muitos afirmaram que um real ainda é muito, tendo em vista o baixo valor de um negro, outros investiram no tom jocoso da brincadeira supostamente inofensiva que irritaria apenas os mal-humorados de plantão.

Até que não estavam de todo errados quanto à inocuidade das brincadeiras racistas. Em qualquer sociedade mais séria elas seriam motivo suficiente para varrer o tal sítio do mundo digital, mas aqui, na realidade brasileira, são o pilar de sustentação do racismo cotidiano, responsáveis diretas pela naturalização das práticas discriminatórias aceitas pela maioria. Afinal, "eles não têm nada contra os negros, acham mesmo que cada branco deveria ter o seu".

Enquanto isso, em Aratu, um casal de quilombolas foi interceptado, preso e torturado por integrantes da base militar em litígio pelas terras do quilombo Rio dos Macacos. A Marinha do Brasil, responsável pela ação, nem se deu ao trabalho de justificar o injustificável.

Em Natal, um desembargador (negro) humilhou aos berros o garçom de uma padaria que não colocara gelo em seu copo a tempo e hora. Exigiu reverência ao cargo, ameaçou espancar o garçom e seu defensor, deu voz de prisão a torto e a direito, movimentou-se à direita, de maneira já esperada. Acionou viaturas de polícia e desancou policiais que, atentos à razoabilidade, não prenderam ninguém.

Esse desembargador é a representação clássica do oprimido que, quando tem o poder nas mãos e ainda não se libertou da opressão, torna-se opressor. Entretanto, que a condenação à conduta asquerosa desse homem negro não embace outras dimensões raciais do caso, pois foram bastante significativos os comentários veiculados nas redes sociais que atribuíram a atitude do magistrado desumano à sua "falta de berço (ou *balaio*, como disseram) e à falta de traquejo que os emergentes demonstram com os títulos recentemente conquistados".

Nuvens de mesmice conservadora encobrem o Sol trazido da Chapada dos Veadeiros. Só mesmo o Sol-Madiba se põe sereno frente ao desmoronamento do mundo. A certeza de que ele nascerá amanhã, outra vez e outra vez, é acalanto para os dias opacos.

MATIAS E O BONECO DE *STAR WARS*

Em tempos de comunicação-relâmpago pela web, a imagem viralizada do garoto Matias Melquíades com o Finn, personagem de *Star Wars*, chegou à caixa postal de John Boyega, seu intérprete no cinema. Junto com a fotografia digital, alguma notícia sobre o debate em torno da representatividade negra desencadeado no Facebook e em outras mídias do país, tais como jornais impressos de grande circulação.

Sensibilizado, John Boyega postou o retrato do menino portando o boneco e escreveu no Instagram: "Tempo para ser grato. Do que você carrega nas mãos ao potencial da sua mente, você é um rei, homem jovem (ou pequeno homem)". Sim, ele disse *"young man"*, e não *"little boy"*.

Os homens negros afirmados dos Estados Unidos se chamam de *"man"*, tenham a idade que tiverem. Desconstroem, assim, a expressão *"boy"* do tempo do escravismo e mesmo do período posterior de segregação legal, utilizada para inferiorizar os homens negros de qualquer idade, de crianças a velhos.

Imagine um senhor de sessenta anos, pai e avô, sendo tratado pelo patrão como *"boy"* na frente de seus netos. "Hey, *boy,* sele meu cavalo", "*Boy,* descarregue a carroça". Imaginou? Lembrou-se de algum filme? Era uma estratégia racista para humilhá-los, para subalternizar a masculinidade daqueles homens dependentes economicamente do trabalho oferecido pelos brancos, submetidos a leis também elaboradas pelos brancos.

A mensagem do ator a Matias enfatiza um sentimento de pertencimento à mesma comunidade de destino, ao Ubuntu, que começa a tomar corpo entre nós. Palavra de origem banto, tronco linguístico espalhado por grande parte do continente africano,

Ubuntu é comumente traduzida como "eu sou porque você é" ou "eu sou porque nós somos".

O Finn, representado por Boyega, homem negro inglês, é referência de imagem positiva e semelhante para Matias, garoto negro brasileiro. O menino, por sua vez, com os olhos encantados pelo boneco, inspira Boyega e o fortalece frente aos questionamentos racistas de "terem introduzido um negro" na saga de *Star Wars*. Todo mundo se lembra do debate instaurado com a escolha do ator para o papel, não é?

O diálogo entre dois negros desconhecidos, um jovem e uma criança, via redes sociais, a partir de um filme que tem um personagem negro, inspirador de um boneco que deixa uma criança feliz por ser parecida com ele, empresta ao mais-velho o sentimento de missão cumprida. No mais-novo, deve despertar sensações múltiplas de poder ser, sonhar, querer e alcançar mais do que foi imaginado.

E se o tempo anterior de Boyega foi de rejeição, sofrimento, desrespeito à sua condição de ator por ser negro, agora é de agradecimento à roda da vida porque a construção dramatúrgica de Finn fortaleceu a representatividade negra positiva na mente de Matias e de milhões de outras crianças negras mundo afora.

É tempo de Ubuntu porque Finn está protegido como símbolo de realeza nas mãos do menino-rei.

RACISMO INSTITUCIONAL EM QUATRO ATOS

É impressionante a forma como o racismo institucional desdenha da inteligência de quem conhece os modos de operação do racismo em profundidade. Foi o que se viu na campanha do Ministério da Justiça contra a xenofobia e em apoio aos novos imigrantes do século XXI.

No primeiro momento lançaram um cartaz com um garoto negro muito bonito, Matheus Gomes, com os seguintes dizeres: "Meu avô é angolano, meu bisavô é ganês. Brasil, a imigração está no nosso sangue".

Matheus tinha dezoito anos, o cartaz também nos informava. Se fizéssemos um cálculo rápido e bastante superficial, poderíamos pensar que seu pai teria quarenta anos no momento da propaganda, sessenta anos o avô e oitenta o bisavô. O avô teria nascido em 1955 e o bisa, em 1935. Então, o bisa fora criança em pleno período de vigência do Decreto-lei 3010 de 1938, que exigia a presença do estrangeiro solicitante de visto (o pai do bisa, caso ele tivesse vindo para o Brasil quando criança) frente ao cônsul de plantão para que este verificasse se a pessoa era negra ou se tinha alguma deficiência física. Essas características impediam a concessão do visto.

Cabe perguntar se nesse período (1935 a 1955) existia representação brasileira em algum país africano. Em Gana, especificamente. A Assessoria de Comunicação do Ministério da Justiça, responsável pela campanha, poderia ter consultado os arquivos do vizinho Ministério das Relações Exteriores, ou do próprio Ministério da Justiça, durante muito tempo responsável pela política de imigração no país, com o objetivo de dar alguma verossimilhança ao cartaz.

O continente africano começou a ser considerado na política externa do Brasil no curtíssimo governo de Jânio Quadros, em

1961. João Goulart (1961-1964) deu prosseguimento ao projeto, estabelecendo representações diplomáticas em Angola, Moçambique e África do Sul, embora totalmente desarticuladas das lutas de libertação colonial. O governo brasileiro da época era afinado com os interesses de portugueses e franceses em África e a condenação ao apartheid era para inglês ver.

De 1938 a 1948 (período da infância do suposto bisa ganês de Matheus que imigrou para o Brasil), Getúlio Vargas e setores das elites intelectuais brasileiras acreditavam que o problema do desenvolvimento do Brasil estava relacionado à "má formação étnica do povo" e que isso se resolveria com a entrada de imigrantes brancos. Por esse motivo, reforçaram a política eugenista que vigorou na segunda metade do século XIX e primeiro quarto do século XX.

Desse modo, pode-se concluir que o bisa de Matheus, se realmente existiu, foi um sujeito atípico no universo de rechaço aos africanos. Possivelmente um sujeito de sorte ou muito boas relações, mas, seguramente, o que aconteceu com ele (a hipotética entrada tranquila no Brasil) não era regra para os africanos.

Se querem criar uma peça de ficção, um "besteirol da imigração negra no Brasil", contratem gente que saiba pensar uma comédia com alguns pilares críveis. Não menosprezem a inteligência da audiência. E aprendam que, no Brasil, não é possível descolar as pessoas negras do racismo em qualquer período da história do país, por mais que algumas constituam exceção à regra, exemplos de sucesso.

No segundo ato da comédia do racismo institucional, houve, nas redes sociais, reação de outras pessoas negras que leram o cartaz e não estão dormindo nem comem mosca. Afinal, a imagem do jovem Matheus Gomes e os dizeres que a acompanhavam remetiam o receptor à experiência negra no Brasil, que passa pela escravidão, principalmente quando os mais velhos são o foco. E ali, no cartaz, a experiência da escravidão era esvaziada pela sugerida imigração espontânea do bisavô e do avô de Matheus, o primeiro do Gana (suponhamos que seja o bisa paterno) e o segundo de Angola (avô materno, para que haja algum elemento lógico nessa árvore genealógica). E nada disso conseguiu se sustentar.

No terceiro ato, a Assessoria de Comunicação do Ministério da Justiça, consternada, desculpa-se pela gafe nos termos seguintes: "O Ministério da Justiça pede desculpas se a campanha trouxe à tona a triste história da escravidão. O foco da campanha contra a xenofobia é sensibilizar para enfrentar toda forma de ódio, preconceito, intolerância e racismo, além de mostrar que a sociedade brasileira é composta de descendentes de imigrantes de todas as partes do mundo que ajudaram a construir o país que temos hoje".

Em outras palavras, as pessoas que reagiram à estupidez do primeiro cartaz da campanha interpretaram mal a boa intenção daqueles que a formularam. Vamos aqui fazer um acordo entre pessoas que têm massa cinzenta: uma equipe de comunicação que pede desculpas porque sua campanha de marketing "trouxe à tona a triste história da escravidão" pode rasgar o diploma, pode voltar para o ensino médio, para as aulas do cursinho pré-vestibular, porque considerar o processo de escravidão, que vitimou mais de 6 milhões de pessoas africanas (as que chegaram vivas) e seus descendentes, perdurando por 350 anos, como uma singela memória triste é rasteiro e racista demais.

No quarto e derradeiro ato, provavelmente em resposta à reação pública que hostilizou a campanha, o Ministério da Justiça mudou o tom. Apresentou um preâmbulo ao cartaz que diz: "O Brasil é contra a xenofobia e repudia toda forma de racismo, preconceito e ódio. Participe da campanha e faça seu post: www.eutambemsouimigrante.com.br #EuTambemSouImigrante #XenofobiaNaoCombina".

O Ministério também acrescentou ao cartaz de Matheus Gomes a *hashtag* #EuTambemSouImigrante. Ou seja, a segunda versão da peça publicitária leva-nos a pensar que o texto em voga reflete autodeclaração de Matheus Gomes. Ah… não é por nada, não, mas tem que haver marqueteiros melhores à disposição no mercado. As emendas só pioraram.

Enquanto o pessoal brinca de formular campanhas inverossímeis e racistas, Celina Bento Mendonça, uma angolana, grávida, foi abatida a tiros quando confraternizava com compatriotas em um bar no centro de São Paulo, em 2013.

Vários haitianos vinham sendo alvejados por tiros na mesma cidade, tanto em filas para emprego quanto em outras para se alimentarem, desde 2013, e olha que a São Paulo pré-João Dória era a única cidade com alguma política pública para acolhê-los. Eles não conseguiam se fixar no Amapá e em outros estados do Norte do Brasil, territórios pelos quais entravam no país. Não eram queridos por lá e vagavam por diferentes paisagens inóspitas buscando parentes e lugares onde pudessem se estabelecer e recomeçar a vida.

Fetiere Sterlin, outro haitiano, foi assassinado a facadas por um grupo de homens em Navegantes, Santa Catarina, no dia 17 de setembro de 2015, por ter respondido a três desses homens que passaram pela rua de bicicleta e o ofenderam verbalmente, mandando-o voltar ao Haiti. Fetiere respondeu aos insultos racistas. Os jovens anunciaram que o matariam a tiros. Buscaram colegas, voltaram em maior número, eram muitos e se dividiram. Dez se ocuparam dele com facas e um grupo menor tratou de agredir sua esposa e amigos com barras de ferro, pás e mais facas.

Somos tratados como tolos e ignorantes por uma publicidade burra e descompromissada. Campanhas publicitárias malfeitas e superficiais (pensam que é suficiente estampar rostos negros bonitos para que as pessoas negras sejam adequadamente representadas) são inoperantes, não fazem nem cócegas no racismo travestido de xenofobia que humilha e mata.

MAIS UM NA LISTA DOS INCONTÁVEIS INVISÍVEIS

Por que não escrevi sobre o assassinato de Herinaldo de Santana? Porque não tenho forças para lamentar a morte de mais um menino da favela. Do time dos que morrem desde sempre quando correm livres pelas ruas de casa, quando são enclausurados dentro de ônibus por justiceiros de Copacabana todas as vezes que saem de seus bantustões para irem à praia das áreas nobres em trajes de banho, quando cometem delitos e cada vez mais cedo são mandados para a cadeia.

A dor dos que o amavam me consome e consumirá cada vez que um deles vir o vídeo do garoto agonizante, atingido por um policial destreinado (ou acostumado a matar) que se assustou ao ver o menino que corria para comprar uma bola de pingue-pongue.

Mas escrevo agora porque, com o advento das redes sociais, vemos os rostos dos mortos. A caneta sobre a mesa mirava a cena, impotente. Não era videogame, a parada. A garganta secou. O menino está morto. Compreendemos que não dá para recomeçar o jogo e aceitamos que também somos Herinaldo, sujeitos à próxima bala assustada.

QUANDO A POLÍCIA MATA NEGROS NO BRASIL E NOS ESTADOS UNIDOS

Duas pessoas negras na cena. Ambas abatidas pelo arbítrio da força desproporcional da polícia. Sandra Bland, no Texas, sucumbiu. O estudante Feliz, em Salvador, Bahia, surpreendentemente, sobreviveu.

Em comum, nos dois casos, a reação de civis à polícia, com o uso da ferramenta discursiva da garantia de direitos que, ao cabo, irrita os policiais, senhores de armas e vidas. Na situação de Bland, uma reação individual, isolada e sem apoio. Já no episódio de Feliz, uma resposta coletiva e popular.

Feliz não sabia que a picape sem identificação que quase o atropelou era da polícia. Parece que ele, como todo jovem negro que confronta diuturnamente a possibilidade de ser assassinado pela polícia, deveria ter a premonição de que um carro sem identificação, com quatro homens no interior, era da polícia armada que o intimidaria por abrir os braços e indagar frente ao quase atropelamento: "Quer me matar?".

Sim, provavelmente eles queriam matá-lo, e só não o fizeram no matagal mais próximo, depois da imperdoável afronta, porque a população interveio.

Sandra Bland, por sua vez, não contou com ninguém para defendê-la. Não houve baiana do acarajé que pulasse na frente dos policiais, protegendo-a, nem grupo de estudantes que a cercasse e levasse para dentro de uma escola, tampouco diretora, conhecedora da legislação, que se recusasse a entregá-la aos policiais. Bland também não teve a seu lado uma cidadã solidária, que telefonasse à Defensoria Pública, para que esta, por sua vez, mobilizasse a Corregedoria de Polícia, à qual os policiais devem prestar contas.

Ou seja, todo um arsenal entrou em ação, certamente por atuação providencial da espiritualidade, para que Feliz não tivesse o mesmo destino de Davi Fiúza e tantos outros adolescentes e jovens negros que, depois de dar entrada em viaturas policiais, desaparecem como poeira na estrada.

Segundo pesquisa do Fórum Brasileiro de Segurança Pública, quase dois terços dos moradores das cidades brasileiras de mais de 100 mil habitantes têm medo de sofrer agressão da polícia militar. Especialmente jovens negros, pobres e moradores do Nordeste temem ser assassinados pela polícia. Aquela mesma corporação que nos bairros ricos protege os autodeclarados cidadãos de bem (se não forem negros).

A pequena infração de trânsito cometida por Bland, e o provável discurso de sujeito de direitos utilizado para defender-se da polícia do Texas em oposição ao racismo institucional arraigado, levaram os policiais a tratá-la com força absurda que resultou em morte.

Existem indícios de que tenham feito montagem com seu corpo, já inerte, para simular registro de entrada na cadeia, e que a hipótese de suicídio, apresentada pela polícia, seja falsa. O assassinato de Bland é o cala-boca sombrio para que outros iguais a ela não ergam a voz.

Lá e aqui, a população reage como pode. A defesa popular de Feliz foi um grito de pessoas negras aglomeradas numa praça, cansadas de perder os seus. Foi atitude certeira para impedir que mais um menino negro desaparecesse.

Nos Estados Unidos, a Travessia pela Justiça, uma marcha a pé de quarenta dias, do Alabama a Washington, D.C., exigindo mudanças na política de direito ao voto, à educação, ao emprego, bem como novas diretrizes nacionais em relação ao uso da força policial e aprovação de uma lei contra as práticas policialescas que perseguem pessoas pelo pertencimento racial. No Brasil, o movimento "Reaja ou será morto! Reaja ou será morta!" organiza marcha específica contra o genocídio da população negra há mais de uma década.

Constitui diferença significativa nos dois casos de violência policial o fato de tratar-se de um homem e uma mulher. Sandra Bland, como Cláudia Ferreira e outras mulheres negras agredidas e mortas pela polícia, destroem o mito de que existe uma violência racial dirigida apenas aos homens.

Está todo mundo no mesmo barco e o próximo alvo pode ser qualquer uma de nós. E ninguém chorará pela gente. Não mereceremos a compaixão devotada ao pobre Cecil, leão morto pela "caçada esportiva" realizada por dentista branco estadunidense, cujo infortúnio o transpôs do lugar de rei do zoológico ao de celebridade midiática.

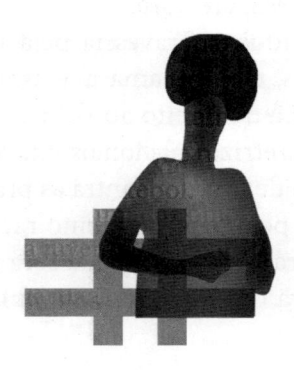

RESPOSTA A UMA PERGUNTA CÍNICA

Hermano, meu caro,

É impossível responder à sua perplexidade face ao assassinato do jovem negro Douglas Rafael, o DG, dançarino do programa global *Esquenta*. Um dos duzentos negros assassinados a cada 100 mil há pelo menos duas décadas (menção feita por você quase num suspiro), como se todos nós fizéssemos parte de um coletivo harmônico e festeiro que deseja o bem do Brasil.

Aviso que não se trata do papo simplista de cidade partida entre morro e asfalto, falamos de negros e brancos, mano Hermano. De racismo de Estado e da polícia em especial. Falamos de genocídio da juventude negra no Brasil! Você já ouviu falar disso?

Outro aviso importante: ninguém aqui é tolo de responsabilizar a "Família Esquenta" por esse estado de coisas, não se trata disso, seria leviano. Mas penso que haja respostas distintas para o que vocês, a "Família", podem fazer dentro da Rede Globo pela juventude negra e favelada, e o que nós, que não vivemos no mundo de faz de conta do Projac, podemos fazer (e fazemos).

Por outro lado, o que vem sendo feito por quem legitima o direito de assassinar negros não é segredo. Deixemos de ser brancos ou *color-blinds* e sejamos francos.

O que a sociedade civil organizada tem feito quanto ao genocídio da juventude negra? Você pergunta! Ela tem denunciado o genocídio há décadas. Tem instado pesquisadores a produzir dados sobre esse tema também há décadas. É por isso, por essa denúncia, pela escuta às organizações do Movimento Negro (a "Família Esquenta" sabe que existem organizações políticas negras no Brasil?), que pesquisadoras sérias como Silvia Ramos dão a necessária atenção à variável racial na análise da violência que prende e obsta a vida plena do setor sobrevivente dessa juventude.

Aliás, tenho a triste certeza de que certas informações são ouvidas e creditadas por muita gente porque são ditas pelos aliados brancos. Se forem produzidas pelos negros, serão sempre minimizadas. A escuta ao Átila Roque, diretor da Anistia Internacional, é apenas uma exceção que confirma a regra.

Tem uma moçada na Bahia que vocês precisavam conhecer, ouvir, um movimento que se chama "Reaja ou será morto! Reaja ou será morta!". São assim, eles! Diretos. Contundentes. Sem pulinhos de alegria dentro do Projac por estarem no Projac. Sem pílula de faz de conta. São reflexo da chapa quente do mundo real que ferve do lado de cá.

Para esse mundo, não existe a novidade da guerra, como não existiu para o "famoso" DG, nem para o anônimo Edilson Silva dos Santos, morto no mesmo dia, no mesmo Pavão-Pavãozinho, mas desconhecido, não global. Em essência, trata-se de dois jovens negros expostos ao genocídio da juventude preta, e mais nada.

Nós contamos nossos mortos há tempos quase imemoriais, Hermano. São inúmeros os DGs do nosso convívio. Sabe, Hermano, em São Paulo, para a gente ter uma ideia aproximada do número de mortos na onda de assassinatos de jovens negros de 2012 a 2013, a gente conversava com o pessoal dos cemitérios de bairro. Sabe por quê? Porque a imprensa noticiava que haviam morrido cinco ou seis jovens numa determinada noite, mas quem era da quebrada contava um número muito maior de caixões. O número de velórios, de famílias desesperadas, era muito maior. Então descobrimos que é seguro multiplicar por cinco o número de mortos noticiado, e assim nos aproximamos da cifra total de cada noite. Foi o que os coveiros nos ensinaram.

Não creio que esteja contando qualquer novidade à "Família Esquenta", mas o que vocês fazem é camuflar esses números, essa realidade, por meio de uma frágil fruição humana de pessoas negras moradoras de favela, felizes por aparecerem na tevê de maneira "valorizada", por fazerem parte do mundo do entretenimento.

Sim! As pessoas negras querem leveza, diversão, alegria, remuneração por sua arte, como a que recebia o dançarino DG, que teve oitocentos reais roubados depois de assassinado, e sabe-se lá quanto extorquiram dele quando vivo. Porque as coisas são assim na racializada sociedade brasileira, não é? O negrinho que ascende e continua no morro, se não é executado pelo tráfico, por recusar-se ao aliciamento, paga pedágio à polícia.

O problema é a crença de que essa solução individual ou endereçada a pequenos grupos de negros artistas (por mais que a "Família Esquenta" empregue e remunere dignamente) responde ao problema racial no Brasil. E se vocês acham que estamos enganados ao dizer que a "Família Esquenta" nem vê esse problema, nem se ocupa disso, nós estamos certos.

Na real, a proposta de programa feita por vocês é um sossega-leão para o problema racial que o Brasil vive e nega, cuja explicitação acontece quando algum negro fantástico, talentosíssimo, excelente profissional, com o qual convivemos, é assassinado por ser negro, afinal, "ser preto da Globo" não livra a cara de ninguém

A "Família Esquenta", por meio de seu sociologuês da diversidade, forma pseudointelectualizada de coroar a "mistura" defendida como princípio do programa *Esquenta* e apresentada simbolicamente como solução social harmoniosa para o Brasil, contribui para perpetuar a ideia de miscigenação subordinada. Ocorre que a tal "mistura" (batismo contemporâneo da miscigenação) até hoje não conseguiu provar sua efetividade para os pretos, tampouco diminuiu os privilégios dos brancos. E essa é a centralidade do tema. É disso que falamos.

Acredito, Hermano, nas intenções boas e sinceras da "Família Esquenta", mas o que vocês fazem (e talvez só consigam fazer mesmo isso) por aí, dentro dos limites de uma rede de tevê extremamente reacionária e comprometida com a manutenção de privilégios para os que sempre mandaram e sempre detiveram poderio econômico e político, não altera a questão de fundo.

E qual seria a questão de fundo? O racismo estrutural que justifica a perda da vida de jovens negros como se eles fossem pulgas. Ratos. Baratas. O racismo institucional que executa esse pressuposto por meio da polícia, o braço armado do Estado.

Imagino que a "Família Esquenta" tenha mesmo ficado sob forte emoção, comoção, mas os termos da mensagem de Regina Casé, e os seus termos, Hermano, foram muito brandos para tratar uma situação de absoluta barbárie. Não existe nada mais perigoso no Brasil do que ser um jovem negro! Em torno de 75 por cento das pessoas mortas por homicídio no país são negras, homens jovens em sua maioria (dados de 2017).

Existem também algumas ações e políticas governamentais em curso, no sentido de resguardar a vida da juventude negra, mas não é minha proposta discuti-las neste texto. Prefiro me ater ao poderoso instrumento de intervenção que pode representar a "Família Esquenta" e à escuta qualificada que ela precisa fazer das organizações políticas negras, das pesquisadoras e pesquisadores negros, para além da proposição inofensiva de "um grande pacto social pela vida" que não discuta profunda e amplamente o sentido e o significado das vidas que o racismo descarta como nada.

QUANDO A PALAVRA SECA

A morte de Cláudia da Silva Ferreira, baleada e arrastada por um carro de polícia, movimentou as águas primevas da lagoa de Nanã que habita todas as mulheres negras. Águas que irrigam a terra e formarão o barro que iniciará a vida dos seres. Águas paradas, aparentemente, mas plenas de mistérios e convulsões.

A morte de Cláudia reverbera como sino em corações e mentes atormentados. Em resposta, as águas pretas, na forma de pequenos igarapés, tomam a rua. Somos todas Cláudias! Todas as que estão na linha de frente com canetas, teclados, microfones, pincéis, panfletos, câmeras, tambores, barracas de camelô, celulares, corpos negros, corpos de negras. E as que estão na retaguarda, a lavar, passar, cozinhar, coser, cuidar e cuidar. Avós, mães, tias, primas, as mais simples e trabalhadoras mulheres. Corpos negros, corpos de negras. Somos todas Cláudias!

A Paixão de Cláudia não comove o mundo. Seu calvário configura apenas mais um corpo negro, corpo de negra, sendo arrastado sob o olhar desracializado das pessoas comuns que pagam impostos, gozam de segurança particular e passaporte constitucional para transitar pelas ruas de favelas e bairros ricos com liberdade.

Mas, para todas nós, Cláudias, tudo perde o sentido quando uma mulher negra, moradora de favela, baleada no pescoço, pende de um porta-malas e tem o corpo arrastado pelas ruas do centro do Rio.

Mesmo que transeuntes e motoristas buzinem, gritem, acenem, se desesperem, chorem, lamentem, os policiais que dirigem o carro não ouvem, não veem, não param. Não param. Não param.

As palavras humanidade, respeito, dignidade, cidadania, vida, direitos, sonhos, justiça, perdem o sentido. A gente perde as forças, a palavra. A gente míngua e o texto seca diante de mais um caso de horror racista que não comoverá o mundo e ainda terá a dimensão racial esvaziada.

    Tudo perde o sentido. A vida perde a poesia. Perde-se o sono e não se sabe a fórmula do conforto para reencontrá-lo.

OBITUÁRIO DE UMA LEMBRANÇA

A notícia de tua morte chegou pela gentileza de uma mensagem privada de rede social, não por um mural público. Felizmente, pois ficaria ainda mais desacorçoada.

És a primeira pessoa de meu círculo próximo de convivência assassinada e quero que seja a última. Não sei lidar com isso e não quero aprender. Sou fraca e insignificante. Não tenho a força da poeta que declara firme: "Dos nove homens de minha família assassinados, sete foram mortos pela polícia..."

A primeira pergunta que me fiz foi pelos teus filhos, como estariam, como ficariam. Numa das várias viagens que fizemos a Genebra, no início da década de 2000, conversamos sobre nossas vidas pessoais, para além do ativismo político que nos unia. Perguntei-te se tinhas filhos. Dois, me respondeste, dois meninos.

Em algum momento me contaste que havias sido criado por mulheres, a mãe e as tias, e eu disse que meninos precisam mais da figura do pai do que as meninas. Que um homem é fundamental na formação de outro homem. Tu me ouviste, entre a serenidade e o susto.

Prosseguias calado e continuei a falar. Abri um capítulo sobre os homens que abandonam os filhos em nome do trabalho, das causas políticas. Tu argumentaste que a causa era maior do que tudo. Eu disse que nada era maior do que os filhos e nossa responsabilidade por eles, e que, nos homens, a satisfação do ego costuma movê-los mais do que a causa. Tu ouvias. Quieto, reflexivo, como se eu fosse uma mãe grande e tu, um guri pequeno.

Em Genebra te vi triste, sozinho, amargurado, mas ali não conversamos, como havíamos feito no avião. Pudera. Estavas imerso no mundo cruel e implacável dos velhos lobos que não abrem espaço para o lobo novo sequioso de caça e poder.

Voltamos, a vida seguiu. O projeto em que apostaras todas as fichas naufragou. Tu saíste de cena, recomeçaste a vida em outra área, que décadas mais tarde se revelaria trágica. Voltaste a teu próprio começo, a atuação em sindicatos.

De um sindicato viriam as balas dos que te mataram, como disse alguém, integrantes de máfias que, além de bloquearem as conquistas de direitos pelos trabalhadores, corroem a democracia e lançam mão de expedientes vis de imposição da vontade pela força.

Outra vez te encontrei num aeroporto e perguntei pelos teus filhos. Estão se tornando homens, me respondeste pimpão. E eu disse: É assim que tem que ser. Rimos. Me contaste que havias descasado. Perguntei se os meninos estavam contigo. Respondeste que não, estavam com a mãe, como devia ser. Rimos outra vez e ao nos despedirmos, comentei que assim era, se tu achavas que deveria ser.

Depois da fatalidade da notícia, nutro a certeza renovada de que amaste muito a teus meninos, embora, talvez, não o tenhas dito na medida que gostarias. Estou certa também de que se tornarão bons homens que honrarão tua memória.

Despeço-me de ti apagada pela tristeza e pela perplexidade. O Nzazi que habita em mim saúda o Xangô que habita em ti e clama a Zambi e às Águas que deem paz a teu espírito.

GUARDA-SOL E GUARDA-CHUVA

Não sou eleitora de Lúcio Vieira Lima. Para dizer a verdade, nem o conhecia, mas o deputado ganhou minha simpatia. Gosto de gente que, no exercício da função pública, ultrapassa os limites do próprio umbigo e exerce sua função precípua, cuidando do interesse público.

O deputado cobrou explicações (em público) a Ademar Delgado, prefeito de Camaçari, sobre reminiscências do escravismo colonial evocadas por sua cândida atitude de proteger-se sob um guarda-chuva empunhado por funcionário negro durante confraternização após a lavagem da Barra de Pojuca.

A mim não interessa que os dois políticos sejam de partidos diferentes. Essa é a tônica da moçada preocupada em defender os partidos e seus membros para além da coerência, ética e transparência. Sou eleitora do partido do prefeito, aviso, mas não existe afinação de campo político que turve meu olhar quando se trata de detectar o racismo ou outras opressões em atitudes cotidianas.

Entretanto, no afã de argumentar que existe um pessoal que "vê racismo em tudo", uns e outros poderiam dizer que Ademar Delgado deu azar. Fosse o segurador do guarda-chuva um correligionário branco, ninguém se importaria. Não sei, não.

No ano de 1996, em Treviso, durante debate com Olivero Toscani, publicitário responsável pelas campanhas multiétnicas da Benetton, eu dizia a ele: "Se seu objetivo é realmente mexer com o que está estagnado na sociedade brasileira, sugiro que você coloque brancos em posições compreendidas como próprias de negros, por exemplo, experimente um cartaz de mulher branca amamentando criança negra e prepare-se para reações inimagináveis!".

Os argumentos de Ademar Delgado no diálogo com Lúcio Lima são paradigmáticos do lugar de privilégio racial e de classe internalizado pelo prefeito. Vejamos, então. Quando o deputado questiona o prefeito sobre o absurdo (imagem de servidão) que a situação evidencia, ele retruca: "Vamos falar de coisas importantes". O deputado responde: "Isso é coisa importante, rapaz. Como é que você faz aquilo com o homem?". "Eu não fiz nada. Estava chovendo", respondeu Delgado, sendo prontamente corrigido por Lima: "Não estava chovendo nada, você botou de sacanagem". Destemperado, o prefeito rebate: "Meu ouvido não é penico", e Lima, educativo, conclui com uma pergunta que lembra ao prefeito que ele mesmo se colocou na posição de penico em sua performance: "Você considera isso merda? Considera pouca coisa?".

 Finalizada a conversa com o deputado, em entrevista a programa jornalístico local, o prefeito gagueja para explicar o indefensável, mas não se digna a pedir desculpas (pelo menos). Não causaria surpresa se o segurador do guarda-chuva fosse convocado a declarar que fez aquilo por vontade própria, por preocupação com o bem-estar do prefeito e coisa e tal. Tudo ficaria bem porque a figura de negro subserviente é palatável para a maioria.

AS DUAS VIDAS DE VINÍCIUS ROMÃO

A primeira vida é de um rapaz de família, trabalhador, pacato, cercado de amigos negros e brancos. Um homem jovem, para quem ser negro talvez vá pouco além da alegria e do orgulho de uma bela coroa black power.

A segunda vida é a do homem tratado como um negro qualquer pela polícia, preso sem qualquer motivo. Toda singularidade se esvai como bolha de sabão colorida diante da eficácia persecutória dos estereótipos. Por um lance simples de sorte e provável proteção espiritual, Vinícius Romão de Souza não foi abatido como Cláudia da Silva Ferreira.

O racismo é o que menos se evidencia nas histórias de Cláudia e Vinícius. A mulher trabalhadora, mãe zelosa de filhos e sobrinhos, sucumbiu à condição de "a arrastada". A mídia não se deu sequer ao trabalho de dizer seu primeiro nome. Cláudia!

De Vinícius exploraram a juventude, os sonhos, a família forte que superou sofrimento de perdas precoces, o cabelo black power, atributos que o individualizavam, emprestavam-lhe uma história particular que não fora respeitada no processo. Assim, ele foi "o injustiçado".

Entretanto, o que pegou mesmo, quer para a prisão de Vinícius, quer para o assassinato de Cláudia, foi o fato de serem negros desprotegidos, expostos à sanha racista e ao humor sórdido de policiais, que, para os que não querem entender, prendem e matam as pessoas negras a esmo, como insetos ou vermes.

Depois de sair da prisão, na busca de recuperar a primeira vida, a de homem negro singular, Vinícius afirmou que nunca fora vítima de racismo, sempre fora respeitado.

Vítima, não. Isso é certo. Vinícius e sua gente são alvo de uma sociedade que, estrategicamente, refuta a existência do racismo dirigido aos negros para garantir os privilégios dos brancos.

Vinícius terá se sentido respeitado todas as vezes que foi enquadrado pela polícia? Ou não? Terá se sentido respeitado a cada vez que uma mulher protegeu a bolsa ao perceber sua aproximação? Ou nas inúmeras vezes em que foi ridicularizado por sua compleição física de descendente de africanos? Assim são tratados os homens negros e é difícil acreditar que ele seja exceção.

Não obstante, para infelicidade dos negros, a história individual, a excepcionalidade, não tem evitado sua morte, seja física, seja simbólica. Mas Vinícius, como a maioria dos seus, foi levado a dormir dentro dessa casca de ovo até que a segunda vida a quebrou, surgindo de dentro um cheiro insuportável de coisa podre. Dessa forma, mesmo não havendo como fugir, disfarçar, negar o óbvio, a primeira vida será evocada outra vez, na ilusão de que possa proteger os alvos da voracidade do racismo.

E a trilha viciosa se repetirá até que as duas vidas se encontrem e se fundam. Até que se compreenda que todas as vezes que um negro sofre discriminação porque é negro, trata-se de uma agressão coletiva. Até que o direito à alteridade não exima a população negra de se compreender como pertencente à mesma comunidade de destino. Os "negros especiais", incólumes ao racismo, não existem, apenas negros que contaram com mais sorte ou acessos ao longo da vida.

Compreender-se como integrante de uma mesma comunidade de destino é dar-se conta de que o povo negro será tratado como negro, descendente de escravizados, todas as inúmeras vezes em que o poder branco se sinta ameaçado. Essa é regra básica do jogo da opressão racial.

QUANTO MAIS NEGRO, MAIS ALVO!

Em verso do poema "Rondó da ronda noturna", o poeta Ricardo Aleixo nos diz: "quanto mais negro, mais alvo". Como na letra de "Haiti", de Caetano e Gil, "Rondó" contém doutoramentos inteiros. Teses completas sobre a assimetria das relações raciais no Brasil. É o poder de síntese e de expansão da arte.

Engana-se quem pensa que somos vítimas de racismo. Nós somos alvo do racismo, como disse Carlos Moore há décadas, antes de conhecer Ricardo, que por sua vez o disse em 1999, também sem conhecer o Carlos. Existia então, em ambos, o poeta e o antropólogo, compreensão similar desse fenômeno que mata a gente negra como matou Amarildo da Silva, Cláudia Ferreira, Patrick Ferreira de Queiroz, Douglas Rafael, o DG, e desapareceu Davi Fiúza, entre milhares de outros homens, jovens, mulheres e crianças negros que não tiveram seus nomes divulgados e são executados pela polícia dia após dia.

Quanto mais negro, mais alvo. Isso só poderia ser dito assim por um poeta. Quanto mais negro, mais visível. Visível por ser alvo, por ser buscado em qualquer lugar, em qualquer classe social, em qualquer situação.

Como Rafael Braga Vieira, catador de material reciclável, preso durante as manifestações de junho de 2013, como se terrorista fosse, por carregar na mochila um vidro de desinfetante e outro de água sanitária. Condenado a cinco anos e dez meses de prisão, foi, durante dois anos, o único preso remanescente das manifestações daquele inverno.

Ou Thamires Fortunato, estudante da Universidade Federal Fluminense, que, durante manifestação contra o alto custo do transporte público no Rio de Janeiro no verão de 2015, foi covardemente imobilizada no chão e algemada, depois de terem lhe arrancado a blusa, tendo sobre si um brutamontes da polícia paramentado para a guerra que a tratou como bandido de periculosidade comprovada.

E a farmacêutica e doutoranda em Bioquímica, Mirian França, mantida presa por dezesseis dias no Ceará sob acusação de assassinar uma turista estrangeira com quem fizera contato num sítio de mochileiros. Presa porque apresentou contradições em depoimentos à polícia, tais como o número de cafezinhos que a vítima, Gaia Molinari, teria tomado enquanto estiveram juntas.

Quanto mais negra, quanto mais consciente e senhora de si, mais alvo, como Lília de Souza, jornalista baiana, cujo cabelo black power foi rejeitado por um sistema de renovação de passaporte, obrigando-a a prendê-lo com uma borracha de escritório para que sua imagem fosse aceita.

Quanto mais negro, quanto mais melanina, mais alvo. Quanto mais negro, quanto mais negros juntos, mais alvo, mais auto de resistência. E nessas horas, estamos sós, desprotegidos e sós. Apenas depois, se sobrevivermos ao susto e à violência, a poesia nos acalentará.

DESDE DENTRO

O ano começou com a chacina do Cabula, em Salvador. Os tiros letais foram imortalizados pelo governador como gols da polícia. Finalizamos novembro com a chacina do Morro da Lagartixa, Costa Barros, zona norte do Rio de Janeiro. O secretário de Segurança Pública atribuiu o fuzilamento dos cinco jovens negros à "falta de caráter dos policiais". O governador, por sua vez, rechaçou o fundamento racista da execução. Estamos como sempre estivemos, por nossa própria conta.

Entre Rio e Salvador, o governador que bate em crianças e adolescentes, ocupantes de escolas para reivindicar aulas e política educacional em São Paulo, cultiva o morticínio e justifica: "Quem não reagiu está vivo". A pior notícia para os alvos da política de extermínio era que o ano ainda estava longe de terminar.

No Morro da Lagartixa, à primeira vista foram cinquenta tiros na execução dos jovens negros que a imprensa insiste em chamar de jovens, apenas. Dizem que é exagero nosso, porque se fossem jovens brancos ninguém lhes destacaria o pertencimento racial. O caso é que se fossem cinco rapazes brancos da zona sul do Rio isso não aconteceria, porque os moradores de lá, caso não sejam de alguma favela isolada na área, não são mortos como ratos.

Mas, se por um acaso raríssimo, jovens brancos fossem executados, cairia o secretário de Segurança Pública em resposta. O governador do estado também não mais se elegeria, tampouco conseguiria emplacar seus descendentes na Câmara Municipal e na Assembleia Legislativa. Os policiais receberiam pena máxima. A mídia daria extenso tratamento digno e humanizado ao caso. Haveria, por fim, comoção nacional, e não apenas comentários anestesiados durante o café ou o almoço: "Você viu? Mataram mais cinco pretos no Rio. Eles se matam mesmo. Onde foi dessa vez? Sei lá, num daqueles morros".

Posteriormente o exame de balística contabilizou 111 tiros disparados contra cinco jovens negros desarmados dentro de um carro. Vinte e duas balas para cada um. Uma bala para cada ano de vida dos rapazes, mortos entre os dezesseis e os vinte e cinco anos. Os especialistas dizem que até para uma troca de tiros entre polícia e criminosos, tantos disparos seriam injustificáveis. Isso configura a prática da geração Robocop e Rambo da polícia brincando de acertar alvos móveis.

Cento e onze disparos que trazem a lembrança desesperadora dos 111 homens assassinados pela polícia paulista dentro do presídio do Carandiru. Parece um número cabalístico na roleta da morte.

A fotografia de seu Jorge Penha, pai de Roberto Penha, o menino cujo recebimento do primeiro salário era comemorado quando ele e os amigos foram assassinados, viralizou na web uma lágrima seca. Eu cá tenho dúvidas se o grosso da foto vulgarizada foi em solidariedade ao pai, órfão do filho, ou mera onda de rede social a propagar uma imagem de sofrimento plasticamente bonita.

Analistas, desde fora, questionam por que as famílias têm a necessidade de justificar que seus filhos assassinados não eram criminosos, haja vista que "mesmo que o fossem, não poderiam ser mortos, pois não existe pena de morte legalizada no país".

Essa constatação é ineficaz para quem não tem direito à vida. Primeiro, a morte de negros pelo arbítrio policial não tem sido considerada assassinato. Segundo, é preciso ir mais fundo. É preciso ouvir essas e as outras milhões de famílias negras desde dentro, desde antes das tragédias anunciadas. Desde o tempo de séculos atrás, quando o escravismo impedia a formação e a manutenção das famílias negras. Desde o tempo que as destruiu pela aplicação das chamadas Leis de Vadiagem. Desde o tempo em que o racismo científico mediu seus cérebros e atribuiu-lhes o peso da criminalidade. Desde o tempo em que seus templos foram invadidos pela polícia e ainda hoje o são, queimados por fanáticos inimputáveis que enforcam sacerdotes com a bandeira de Tempo e os empalam.

É preciso olhar com olhos de ver e ouvir com ouvidos de escuta. Desde dentro.

NA NIGÉRIA, 276 MENINAS SEQUESTRADAS, 2 MIL MORTOS EM BAGA, E O OLHAR DO MUNDO FIXADO EM UM ATENTADO NA FRANÇA

Baga não me deixa dormir, 2 mil mortos em cinco dias. Antes, 276 meninas sequestradas de uma escola para serem diariamente estupradas pelos integrantes do *Boko Haram* nos intervalos entre uma invasão e outra às cidades ou vilarejos da Nigéria, quando, então, aproveitam para estuprar todas as meninas e mulheres que encontram pela frente. Como faziam os *hutu* com as mulheres *tutsi* no massacre de Ruanda, em 1994.

Baga? *Boko Haram*? Meninas sequestradas em escolas para serem submetidas a estupros diários e múltiplos por terroristas assassinos? Ruanda? O que é isso? Quem são esses? Pelos nomes, parecem ser de algum lugar da África. Que horror! Como é que os pais matriculam essas meninas numa escola desprotegida? Se não têm segurança pública, por que não contratam segurança privada como a gente faz aqui no Brasil? O que? Cinquenta escaparam sozinhas? É evidente, as que ficaram têm algum tipo de conivência com os malandros. Por que não acompanharam as outras? Era só pular do caminhão em movimento e se embrenhar na mata.

Em 1994, na Ruanda, África Central, ao fim de seis semanas de genocídio, contabilizaram-se mais de um milhão de mortos: 167 mil pessoas por semana, 24 mil pessoas por dia, mil pessoas por hora. Será que as pessoas ainda têm Ruanda na cabeça? Se não têm, como conseguiram esquecer? Se não possuem conhecimento, como conseguiram não saber e não contar sobre o genocídio às novas gerações? E chegaram a contar?

A lavagem cerebral racista teria sido tão eficiente que, hoje, as pessoas jantam em frente aos televisores e comem, anestesiadas, as centenas de corpos negros dizimados em cinco dias de ação do

Boko Haram em Baga, última cidade do nordeste nigeriano resistente à expansão sanguinária do grupo?

Ah... deixa estar, são africanos! Os números de mortos nas tragédias deles são gigantescos. Estamos acostumados. O pessoal fala da China, mas na África também tem gente que não acaba mais.

Os 55 países africanos, a intervenção predatória das potências europeias na cultura local, a dizimação e escravização subsequentes, os interesses da indústria bélica, do Banco Mundial, do Fundo Monetário Internacional, dos exploradores de diamantes e dos mananciais de água potável, e a ação predadora da China em África, são mesmo emblemas de grandes quantitativos de corpos desvalidos para noticiar.

E por que havemos de nos importar com o número de mortos entre os africanos? Com as 276 meninas negras sexualmente escravizadas? Com os 82 jovens negros mortos por dia na guerra civil do Brasil? Eles são negros, não têm pedigree. Não são franceses. Não têm uma civilização para resguardar. Eles são pretos, são selvagens. Não são civilizados.

Aquelas meninas negras seriam o que mesmo na vida? Que futuro as esperava? Nenhuma delas viria a ser uma jornalista crítica que influenciaria gerações trabalhando no *Charlie*.

Eles se entendem, se merecem, que comprem nossas armas, se matem, façam o trabalho sujo e deixem o caminho livre para explorarmos o ouro negro.

O RECADO DOS LINCHAMENTOS

O mundo sensível se assustava com a onda de linchamentos contra negros executada por justiceiros que escolhiam pretos anônimos, desamparados pela lei, como exemplos para coibir as conquistas políticas e sociais dos negros "amparados". Ou seja, havia um recado para os pretos ascendentes: "Recolham-se ao lugar de negros ou serão vocês o próximo alvo".

O propósito era acuar os pretos no microespaço do medo, aterrorizar as comunidades negras da região onde ocorria o linchamento. Em favor dos humanos negros, só a vulgarização tecnológica. Pessoas indignadas registravam e divulgavam os atos bárbaros via celulares no afã de não esquecê-los, de impedir que fossem ocultados, de forçar investigação, julgamento dos linchadores e punição. Por fim, que o resultado final do registro fosse acordar a população da letargia que ignorava aqueles atos, levando-a a cercear, já no campo da intenção, o próximo linchamento. Mas, sabedoras da inexistência da justiça, o pânico se instaurava. O pavor de ser o próximo alvo intimidava tanto que, não raro, as pessoas negras fugiam do tema.

Numa cidade de montanhas o filho do megamilionário atropelou um ciclista negro, levando-o à morte. Foi julgado rapidamente e sentenciado a trabalhos de ressocialização. Noutra, um playboy bêbado atropelou um trabalhador ciclista, arrancou-lhe o braço e atravessou bairros com o membro preso ao retrovisor. Em dado momento, o meliante percebeu a marca do crime, parou o carro abruptamente e jogou o braço do ciclista no esgoto. Silencioso e impune. Numa terceira cidade, uma patricinha, estudante de Medicina, atropelou e matou um gari. Arrancou o carro sem prestar socorro, enquanto lamentava a sujeira de sangue na lataria.

Não por coincidência, eram todos brancos, criminosos de fato e protegidos pela lei do mundo do faz de conta. No mundo real, entretanto, eram sempre negros os alvos dos linchamentos. Qualquer motivo, qualquer suspeita, qualquer vacilo diante das regras raciais de convivência assimétrica justificavam a eliminação física do suspeito.

Mas aqueles não eram os alvos reais. O objetivo final era intimidar os negros insurgentes que tinham pelo menos uma noção vaga de direitos: os cotistas de universidades públicas, artistas, estudantes matriculados e uniformizados, negros intelectualizados, aspirantes a profissionais vitoriosos, todas as pessoas portadoras de identidade negra em expansão.

No Brasil, os negros estavam por sua própria conta desde o momento da gestação e os linchadores sabiam disso. Restava saber se os pretos se recolheriam aos lugares pré-definidos, iludidos pela mentira de não serem o próximo alvo.

ME DEIXA EM PAZ! EU NÃO AGUENTO MAIS!

Kaíke Augusto, jovem negro e gay, foi encontrado morto em uma das ruas mais movimentadas de São Paulo: dentes arrancados, rosto desfigurado, sinais de tortura por todo o corpo e uma barra de ferro enfiada na coxa.

A família, os amigos, o pessoal da quebrada, todos leem a crônica e se perguntam de que adianta repetir a narrativa do crime, repisar a dor. A resposta é que recontar não deixa esquecer e fazê-lo sem sensacionalismo evidencia a desmesurada falta de valor marcada a ferro na existência de alguns seres humanos. Faz lembrar que eles foram humanos um dia. Não permite que sejam soterrados na vala comum dos negros para os quais se naturaliza a morte trágica.

No caso de Kaíke Augusto, em especial, é preciso lembrar um milhão de vezes para demarcar a impossibilidade de que uma morte assim (por traumatismo craniano e intracraniano) seja registrada como suicídio no boletim de ocorrência. É piada racista e homofóbica contra a vida de um garoto de dezesseis anos e daqueles que se importam com ele.

O noticiário ignorou o assassinato de Kaíque Augusto, mas fez uma chamada impactante: chacina mata doze meninos em quatro horas. A cronista faz a conta: três meninos negros por hora, um a cada vinte minutos. O que as notícias não dizem é que são vidas abatidas para que as famílias sintam a vingança policial na carne enlutada.

Ao mesmo tempo, a agência de notícias demonizava à exaustão outros jovens negros parecidos com Kaíque Augusto, os que procuravam nos rolezinhos uma alternativa de vida à morte imposta nos bares, nas ruas, em suas casas nas quebradas onde nasceram e viviam.

Torturados pela polícia e pela segurança privada quando iam aos shoppings em grupo, acusados pela esquerda festiva e pelos culturalistas de buscarem o consumo quando deveriam buscar a cultura. Vale lembrar que eles não têm dinheiro para consumir (cultura, inclusive), só o desejo de serem iguais a "todo mundo".

Como subproduto de sua presença nesses estabelecimentos onde se torra dinheiro, o capital os estereotipa, alegando que meninas e meninos das periferias espantam os clientes ideais dos shopping centers. Para esses meninos, vitrine de shopping é como mostruário de doceria, só pavê. São "famosinhos" digitais, conforme definição própria.

Os rolezinhos serviam para encontrar os seguidores fora da tela do computador, zoar e paquerar. Os shoppings, próximos do metrô, onde não se cobrava entrada (só umas moedinhas para usar o banheiro), eram os locais escolhidos. Aos pretos, periféricos, funkeiros de boné e bermuda, era vedada essa opção de lazer.

Aos culturalistas, é bom informar que discurso anticapitalismo funciona melhor com quem estudou em boas escolas, nunca sofreu dor de dente, ganha carro de presente quando passa no vestibular, é hippie de butique, recebe um apartamentinho quando se casa (um facilitador de início da vida conjugal), ou brinca de mochileiro na Europa e atravessa todas as fronteiras porque tem dupla nacionalidade.

Para o pessoal da classe média, é mais fácil ser confortavelmente anticapitalista. Para quem nada tem, ao contrário, o direito ao consumo (ainda que via fantasia ostentatória) é item básico de cidadania.

Para quem não tem posses a herdar, lastro familiar no momento de trocar de carro, de manter-se por anos dedicado às leituras da pós-graduação, nem qualquer tipo de apoio financeiro para pequenos e grandes momentos de *upgrade*, resta amargar os efeitos do capitalismo selvagem e sobreviver como pode. O rolezinho é uma possibilidade.

Uns fazem saraus e outras intervenções culturais na quebrada, outros têm na comunicação digital a forma de ascensão social que permite marcar um rolezinho no shopping e migrar de "famosinho" digital para "estrelinha de shopping" por um dia, enquanto continuam alimentando o sonho de se tornar astros que possam comprar o shopping inteiro. Enfim, cada um constrói dignidade e cidadania a partir dos recursos garimpados em sua própria história e deseja viver em liberdade, como quis Kaíque Augusto.

NAZIS SOLTOS!
ROLEZINHOS NO CORREDOR POLONÊS!

Fazia um dia de sol bonito depois da chuva que espantou muita gente da Benedito Calixto. A mulher albina, de *dreads* grossos no cabelo crespo, meio amarelo, meio branco, circulava por ali. Vez ou outra renovava a proteção dos lábios e da pele com pastas cheirosas, enquanto vasculhava os produtos das barracas em busca das últimas lembrancinhas encomendadas pelos amigos estadunidenses, sandálias de dedo, de todos os tipos, cores e estampas.

Depois de finalizar as compras, a estrangeira decide comer algo. Escolhe bacalhau gratinado com batatas. Pede na barraca ao lado um caldo de cana bem gelado. Um cheiro de dendê fumegante move seus olhos para os boxes seguintes e ela se espanta quando vê a suástica no peito de um homem à espera do acarajé.

Era branco, tinha quase dois metros, corpanzil trabalhado no anabolizante. Usava botas de alpinista, calça do exército do país dela, cortada como bermuda. A cabeça era raspada, o peito nu e a tatuagem cravada ali, deixando-a em estado de alerta.

Em situações de perigo (e em política, circunstância não menos perigosa), reza a norma que você imagine cenários. Ela já conhecia as assimetrias brasileiras o suficiente para saber quem pode se sentir protegido e quem é o suspeito preferencial na escala cromática do biopoder.

Ninguém molestava o indivíduo, cuja presença parecia não incomodar. Aquela tatuagem não era de Mandela, Gandhi, Benazir Bhutto, não, era a suástica! Tudo bem que quem vê tatuagem de pacifista inscrita em um corpo não vê coração. Há muita gente do fã clube do Mandela morto incapaz de agradecer ao ascensorista ou à faxineira que segura a porta do elevador para que a beldade entre, por achar que essas pessoas não fazem mais do que sua obrigação.

Mas a suástica é diferente. Ela emite uma mensagem instantânea de ódio racial dirigido às pessoas que não são arianas e isso deveria ser reprimido por quem zela pelas liberdades civis.

A moça olha ao redor, em busca de um policial. Quem sabe se avisasse sobre o homem da tatuagem odiosa talvez tratassem pelo menos de observar os movimentos do suspeito. Não encontrou a polícia e, mesmo que encontrasse, ela sabe que os oficiais costumam ser treinados para garantir a segurança dos civis de classe média branca e reprimir a circulação de meninos pretos e pobres em shopping centers, em nome da garantia da liberdade de consumo dos que têm dinheiro para consumir.

Ela está sozinha. Sente medo. Vê então outro homem tatuado, que está mais perto dela, na barraca de churrasco. A tatuagem verde esmaece na pele preta. O moço a observa com uma expressão amigável. Ela pede socorro com os olhos. Ele entende e sorri. Levanta um espeto bem acima da cabeça, olhando-o contra o sol para conferir se está mesmo limpo. Faz isso com vários outros objetos perfurantes.

A moça resolve mudar de lugar e senta-se próxima ao churrasqueiro. Nunca se sabe quando um espeto de churrasco poderá ser útil.

POLÍTICA DE CONFINAMENTO X DIREITO À CIDADE

Há décadas experimentamos o incremento da política de gentrificação, que expurga as pessoas pobres do centro das cidades e das áreas nobres no escopo de interesse da especulação imobiliária, enviando-as para periferias cada vez mais distantes.

Por certo nos lembramos dos incêndios aparentemente involuntários que consomem favelas e seus moradores, estação seca após estação seca. Debelados os incêndios e evacuadas as áreas, são erguidos prédios suntuosos ou estacionamentos gigantescos para carros particulares.

Nos lugares para onde são empurrados os alvos da gentrificação, a vida renasce. De lá, das periferias, brotarão as soluções para o mundo, segundo o vaticínio do professor Milton Santos.

Mas essa vida cultural que se reinventa e que, em alguma medida, despreza o centro, produzindo em locais periféricos da cidade de São Paulo um movimento de contrafluxo, não responde aos anseios de todos os que vivem lá, notadamente dos meninos e meninas da geração *digital-shopping*. Os moradores do centro, ao desbravar a periferia (de carro, lógico, prescindindo do transporte público da região), é que se sentem maravilhados.

Se fizermos um voo panorâmico sobre os equipamentos culturais das periferias de São Paulo, veremos que a moçada dos rolezinhos não frequenta com regularidade os CEUs, saraus, centros comunitários de juventude, fábricas de cultura, bibliotecas públicas e/ou comunitárias, rede SESC, teatros e casas de cultura. Esses espaços não lhes dão respostas e, por sua vez, os bailes funk e os pancadões que os agregam, hoje alvos da polícia, já eram perseguidos pelos policiais reformados que geriam as subprefeituras.

O pessoal dos rolezinhos se vê num fogo cruzado. Donos de lojas encetam diversas ações policialescas para impedi-los de circular livremente em parte da cidade (os shoppings). A indústria de liminares que proíbe esse tipo particular de encontro de jovens na área dos shoppings tornou-se um artifício frequente.

A exclusão sociocultural é um sistema complexo. Veja-se, por exemplo, como alguns intelectuais orgânicos das periferias criticaram o apoio dado pela prefeitura para recuperar o cine Belas Artes, alegando que aquele espaço cultural é patrimônio apenas da classe média e do povo *cult* que circula pela Paulista. A mim, soa mal. Eu mesma, frequentadora do Belas Artes nos anos 1990 e 2000, nunca fui *cult*, não tenho origem na classe média e sempre gostei muito de arte. Tudo assim, superposto, eu entristeci quando o cinema foi fechado.

O Belas Artes em São Paulo, como o Nazaré, o Pathé e o Palladium em Belo Horizonte, marcaram a juventude de alguém que morava a cinquenta quilômetros do centro de BH e era obrigada a permanecer no centro da cidade depois do trabalho, porque não haveria tempo hábil para o deslocamento até a casa para tomar banho e comer antes do início da sessão.

No Nazaré, assisti *Os donos da rua* que, como outros filmes do circuito não comercial, ficou uma mísera semana em cartaz. No Palladium, assisti *Blade Runner*, clássico *hi-tech* dos anos 1980. E no Pathé, por quatro ou cinco vezes, naquele tempo em que ao fim de uma sessão podia-se permanecer na sala para assistir a próxima, vi *Sonhos*, de Akira Kurosawa. No Belas Artes, além de ter acesso a filmes africanos pela primeira vez na vida, vi *Faça a coisa certa*, de Spike Lee, que só chegou em Belo Horizonte dois ou três meses depois e ficou em cartaz durante uma semana no cine Nazaré.

A política de confinamento dos pobres nas periferias das grandes cidades tem muitas faces, e o direito a usufruir da cidade vai do rolezinho nos shoppings (periféricos e centrais) aos filmes do Belas Artes, com intervenções da prefeitura de Haddad para a criação de programas escolares e de barateamento dos ingressos para facilitar o acesso de trabalhadores assalariados à boa programação do cinema.

É certo que muita gente da Angélica e da Paulista dirá que o Belas Artes não é mais o mesmo, que agora é frequentado por uma gente diferenciada. Oxalá seja mesmo assim. Que o pessoal do outro lado da ponte possa exercitar o direito pleno de desfrutar a cidade.

QUANDO A EXECUÇÃO SUMÁRIA É LEGITIMADA COMO GOL DE PLACA NO CAMPEONATO DE EXTERMÍNIO DA JUVENTUDE NEGRA

Doze meninos e homens negros executados pela polícia baiana com tiros na nuca. Havia marcas de tortura, como braços quebrados e olhos afundados. O quadro poderia ser obra da polícia paulista, alagoana, carioca, pernambucana. São práticas disseminadas pelo país. O mais novo tinha quinze anos, e o mais velho contava vinte e sete.

Uma chacina não é só mais uma chacina, não deveria ser. Chacina praticada pelo braço armado do Estado é a falência total da política de segurança pública e dos valores republicanos. Violação dos Direitos Humanos.

A novidade desta foi o discurso público do governador recém-eleito, que a caracterizou como uma operação preventiva e exitosa da polícia. Foi mais longe o chefe maior da polícia, em uma manhã inspirada pela crônica policial que banaliza e desrespeita a vida de pessoas que pagam impostos e o salário da polícia que mata – quando deveria protegê-las. O mandatário definiu a chacina como um gol dos policiais artilheiros, que decidem (matar) em segundos e mais acertam do que erram.

Testemunhas amedrontadas do Cabula, bairro em que ocorreu o assassinato coletivo, por sua vez, disseram que os doze meninos e homens estavam desarmados, não houve confronto. O grupo foi rendido e espancado antes de ser conduzido ao local da execução, um campo de barro cercado de matagal.

Como o governador é de um partido de esquerda, houve gente declarando saudade dos tempos truculentos de ACM. Brincadeira de mau gosto tão cruel quanto a metáfora futebolística de Rui Costa.

O governador metido a cronista respondeu irônico à pergunta

feita em entrevista coletiva sobre o possível susto que a violência da operação poderia causar aos turistas paulistas, habitués do carnaval baiano. Ele atacou a Segurança Pública do estado sudestino, dando a entender que turista paulista está acostumado com a violência, pois São Paulo apresenta recorde de roubos a caixas eletrônicos de bancos.

A polícia executora alegara que os doze rapazes assassinados iriam praticar assalto a bancos e não seria leviano inferir da fala do governador baiano que os baianos-negros foram mortos (preventivamente) para proteger os turistas-brancos-paulistas. É público também que são os turistas brancos de São Paulo que inundam o carnaval baiano em busca do decantado exotismo da Bahia negra. O intertexto racista do discurso governamental é tão macabro quanto a aplicação de pena de morte aos jovens negros.

O secretário de Segurança Pública de São Paulo não deixou por menos e chamou o governador baiano de grosseiro e ignorante (a troca de farpas lembrou uma briga de novela ou uma rinha de galos, se preferirem). O paulista pontificou que o índice de criminalidade da Bahia é quatro vezes pior do que o de São Paulo (aspecto da ignorância). Concluiu que as declarações do mandatário nordestino desrespeitavam o carinho que os paulistas têm pelos baianos e a importância que o turismo tem para a Bahia (aspecto da grosseria e da subalternização do Nordeste à capital paulista).

Pronto! A supremacia geopolítica de São Paulo encerrou o papo. Até a tréplica, lógico, quando o coronel-moderninho das metáforas futebolísticas poderá responder ao coronel-robocop da metrópole que despreza nordestinos.

E os doze moços mortos do Cabula, cadê? Sumiram no discurso volátil e popularesco dos assassinatos justificados pelo combate à criminalidade. E as famílias das vítimas? Ninguém as escuta, ampara, indeniza. São vítimas do artilheiro-matador num jogo pavoroso, comprado, no qual o perdedor já está definido antes do cara ou coroa do juiz.

Uma voz isolada de resistência tem nome, sobrenome e endereço, uma senhora, e não um jovem irmão ou primo de vítima que precisa se resguardar, pois pode ser a próxima vítima. A avó de Natanael de Jesus Costa, um adolescente de dezessete anos, grita na porta do hospital que o neto fora levar pizza à casa da namorada, próxima ao campo de barro que foi palco da encenação do combate na noite do crime. O menino saiu de casa e reapareceu na lista de corpos a serem reconhecidos no IML.

Nenhuma dessas doze mortes se justifica, seja qual for a ficha criminal de quem a tinha, e ainda menos atesta o sucesso de uma operação policial. Uma operação que resulta em doze mortos é arbitrária e ilegal. É catastrófica. O policiamento ostensivo deve preservar a vida, e não eliminá-la escusado por tecnicalidades explicativas.

E o grosso da população dos bairros pobres e miseráveis o que faz? Repete como papagaio o discurso de legitimação da morte ouvido nos programas apelativos da tevê-caça-bandidos. Julgam que, ao aliarem-se aos mais fortes, aos donos das armas, receberão proteção por serem trabalhadores e os outros, bandidos.

Que nada. Ninguém, ninguém é cidadão! E o gosto do sangue das vítimas só chegará à boca e aos olhos dos apoiadores das chacinas quando os tiros ceifarem a vida dos meninos criados por suas famílias e comunidades, aqueles que viram crescer e que levavam pizzas para a namorada, que foram vencidos pela dependência química ou pela pressão ostensiva e de ostentação do tráfico.

Meninos queridos, que se transformarão em corpos negros estendidos no chão, alvos da necropolítica racista que legitima a matança como gols de placa que eternizam policiais-artilheiros nos bairros populares e desprotegidos, que não podem e não devem ser oficializados como estádios de futebol.

OS MENINOS DO MORRO DA LAGARTIXA

Roberto de Souza Penha, Carlos Eduardo de Souza e Cleiton Correa de Souza tinham entre um e três anos de idade quando Cidinho e Doca emplacaram o megassucesso "Rap da felicidade". Wilton Esteves e Wesley Castro Rodrigues eram um pouco mais velhos, contavam entre cinco e dez anos.

Talvez eles tenham cantado com outros contemporâneos de comunidade, que morreram antes deles, os versos proféticos: "Eu só quero é ser feliz / andar tranquilamente na favela onde eu nasci / e poder me orgulhar / e ter a consciência que o pobre tem seu lugar".

Talvez cantassem esse hino do funk enquanto comemoravam dentro do carro o primeiro salário do menino Roberto, de dezesseis anos. Talvez sorrissem e planejassem a diversão do domingo de praia antes de tentarem, desesperados, segundo testemunhas, colocar braços e cabeça para fora do veículo conduzido por Wilton, clamando por misericórdia aos policiais militares postados em posição de guerra na entrada da favela.

Outro verso da música ecoa: "Faço uma oração para uma santa protetora / mas sou interrompido / a tiros de metralhadora". Não adiantou. Os policiais Thiago Resende Barbosa, Marcio Darcy dos Santos e Antônio Carlos Filho fuzilaram o carro dos rapazes com cerca de 111 tiros na entrada do Morro da Lagartixa, onde viviam, em Costa Barros, zona norte do Rio de Janeiro. A conclusão lógica é que a liberdade de ir e vir não é facultada aos jovens negros sequer na favela onde nasceram, como eternizou a canção.

Posteriormente, o policial Fabio Pizza Oliveira da Silva ainda tentou fraudar a cena do fuzilamento para simular um auto de resistência, ou seja, tentou criar um cenário de revide dos policiais a um forjado ataque das cinco vítimas com uma arma plantada debaixo do carro multiplamente perfurado. Felizmente não deu certo. Os três assassinos e o comparsa foram presos, liberados, presos novamente e o julgamento não foi marcado. O comandante responsável pela área de atuação dos quatro policiais foi exonerado. Muito bem.

O secretário de Segurança Pública do estado do Rio de Janeiro, José Mariano Beltrame, se pronunciou e eximiu a Corporação Militar de responsabilidades, haja vista que em sua opinião não se trata de um problema de despreparo profissional por parte dos responsáveis pela matança. Trata-se de um problema de caráter dos matadores.

Assim fica fácil! Alivia-se a barra da Corporação. Difícil mesmo foi a vida dos rapazes assassinados, que nunca gozaram de garantias constitucionais básicas. Difícil será a vida das famílias que precisarão administrar dores, revolta e desamparo, sem tempo para o luto, porque, se fraquejarem, seus mortos apenas engrossarão a cifra das 82 vidas de jovens negros perdidas a cada dia no Brasil.

O problema da carnificina de Costa Barros é que a Polícia Militar é o braço armado do Estado, autorizado a matar, a exterminar jovens negros e pobres, quilombolas e indígenas, moradores de favelas, periferias, palafitas, alagados e todos os demais quartos de despejo do Brasil endinheirado e branco.

É certo que dezenas de jovens, embora tenham sido avisados por familiares ou amigos para não voltarem para casa naquela noite porque havia ação policial no morro, chorem e tremam, com os nervos em frangalhos. Os alvejados poderiam ter sido eles. Podem sê-lo amanhã.

É mais ou menos tácito que vivamos uma cultura de violência, como vários ex-secretários de Segurança Pública do Rio de Janeiro apontam a cada morticínio. E que precisemos combatê-la, por suposto. Cada um fazendo uma parte, o Estado, a polícia, a escola, o cidadão e a cidadã comuns, os meios de comunicação, de maneira integrada.

Ocorre que apenas discutir a violência não resolve. É preciso problematizar o racismo estrutural da sociedade brasileira que gera violência e avaliza o extermínio de jovens negros, comemorado por governantes como gols de placa. Ou alguém ousa negar que a vida desses garotos não tem valor por se tratar de vidas negras?

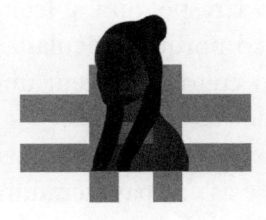

MARCHA DO ORGULHO CRESPO + MARCHA DAS MULHERES NEGRAS

A primeira vez que me detive na expressão "assumir os crespos" foi quando uma pequena do meu afeto a pronunciou. Ela me contava animada que uma coleguinha de escola, de treze anos, como ela, havia assumido os crespos. Eu retruquei na hora: O crespo saiu do armário? E rimos à vera. Ela continuou o papo e confessou o desejo de assumir também. Eu incentivei.

Veio então o golpe de misericórdia: Você podia assumir junto comigo. Mas como? Perguntei perplexa. Eu já uso *dreads*. Para minha surpresa, a menina concluiu: Isso não é crespo. E o que seria um crespo?, perguntei. Ah, um *black*, um cacheado bem *fashion*!

As pequenas, as mais novas, nos trazem para o mundo real vivido por elas, às vezes bem distante da vivência das mais velhas. No meu tempo político, os *dreads* constituíam a radicalidade do cabelo crespo, principalmente para as mulheres negras. Hoje, para muitas meninas influenciadas pelas jovens que povoam a web com seus crespos e encaracolados tombadores, os *dreads* podem significar qualquer coisa, menos uma radicalidade desejada para os cabelos crespos, pelo menos no caso das mulheres.

Diante dessa situação inusitada poderia haver uma tendência de opor a Marcha das Mulheres Negras Contra a Violência, o Racismo e Pelo Bem Viver e suas pré-marchas disseminadas pelo país às Marchas do Orgulho Crespo. Sim, é legítimo ponderar que as crespas tomaram o palco porque articuladas por linguagem ágil, dinâmica, conectada ao culto à imagem imortalizado pela *selfie*, astro rei das telas de todos os tamanhos.

Por outro lado, não, não haveria oposição às dinossauras da política pró-mulher negra e as crespas lacradoras se o sentido amplo do termo "marcha" for o fiel da balança.

Em política, marcha é uma palavra usada nos contextos de guerra, de combate, de luta. São memoráveis as marchas pelos direitos civis nos Estados Unidos dos anos 1960; as marchas pelo fim do apartheid na África do Sul e em todo o mundo nos anos 1980; a Marcha Zumbi dos Palmares Contra o Racismo, Pela Cidadania e Pela Vida, no Brasil, em 1995; as marchas contra o genocídio da população negra no Brasil do século XXI.

Na raiz da Marcha do Orgulho Crespo, pautada aparentemente pela elegia à estética, e também no cerne da Marcha das Mulheres Negras, suposto ápice da politização, há o mesmo princípio: a opressão interseccional enfrentada pelas mulheres negras de África e da diáspora.

Diáspora de riqueza econômica e direitos civis consolidados, como nos Estados Unidos, onde se mata uma jovem negra de 28 anos, Sandra Bland, em processo de perseguição por uma pequena infração de trânsito. Depois de morta, montam um cenário para fotografá-la em posição que simula sua entrada na cadeia, para, três dias depois, declararem sua morte por suicídio.

Diáspora empobrecida de Madureira, onde policiais arrastam Cláudia da Silva Ferreira por 350 metros, até que passantes horrorizados gritem para alertar que há um corpo pendurado na viatura.

Diáspora em que o racismo e a branquitude procuram eliminar integralmente todos os sinais de vinculação positiva de pessoas afro-diaspóricas ao continente africano.

Diáspora em que todas as famílias negras são devastadas por gerações, quando um membro é assassinado pelo Estado.

Ao contrário do que se apregoa em debates tendenciosos e alheios ao funcionamento do racismo para quem é por ele alvejado, não há nada de vitimismo em Cabelaços, Encrespando e Marchas do Orgulho Crespo ocorridos em várias cidades. Existe, sim, o protagonismo de uma estética articulada ao *pop* negro contemporâneo. Estética que, na arte, é a parte exterior da ética do artista.

Coisa boa é que as mais velhas, por meio de sua vivência mais larga, capacidade de reflexão apurada e generosidade, fizeram boa síntese para todos nós: descendemos de quilombolas e somos as quilombolas responsáveis pela sobrevivência física, econômica, emocional, psíquica e espiritual do povo negro no trajeto da diáspora africana. Somos o presente, o futuro e exigimos o bem viver, agora, lideradas por nós mesmas, oriundas de variadas gerações. Uma sobe e puxa a outra, diz o lema da Marcha das Mulheres Negras.

Que todos os renascimentos sejam possíveis. Crespos, *dreads* e turbantes são as coroas contemporâneas que simbolizam a realeza usurpada de nossas ancestrais, despertada em quem sobreviveu.

MARCHA DAS MULHERES NEGRAS 2015

A previsão do tempo indicava chuva em Brasília, mas a Senhora das Tempestades e o Senhor dos Trovões, donos das quartas-feiras, seguraram as águas e os raios. Deixaram o Sol conduzir a Marcha das Mulheres Negras Contra o Racismo, a Violência e Pelo Bem-Viver.

Depois de mais de três anos de mobilização e articulação política, mudanças na data de realização e muito, muito trabalho, 50 mil mulheres negras, segundo a organização da manifestação, ocuparam as ruas da capital federal reivindicando cidadania plena. O ato representou as negras que compõem 25,5 por cento da população geral, em marcha para amplificar a necessidade de erradicar o racismo e a violência.

O ritmo cadenciado da Marcha foi marcado pelos passos firmes de mulheres que brotavam do campo e das cidades, das águas e das florestas, dos quilombos rurais e urbanos, das favelas e palafitas, dos bairros periféricos, da falta de teto e terra, das ruas. De diferentes idades, orientações sexuais e religiosas. Foi marcado pelo grito que reivindica a construção de um novo pacto civilizatório que inclua mais de cinquenta por cento da população brasileira, a parcela negra, que tem sido invisibilizada e/ou excluída do alcance das políticas públicas.

A Marcha das Mulheres Negras foi aberta pelas zeladoras da secular Irmandade da Boa Morte, da cidade de Cachoeira, Bahia, em mensagem direta e contundente de paz e respeito às diferenças, principalmente religiosas. Houve uma comissão de frente composta por Iyalorixás vindas dos quatro cantos do país. Mulheres-símbolo da sabedoria ancestral africana que há séculos oferece sustentação espiritual e acolhimento ao povo brasileiro, nos milhares de templos das religiões de matriz africana cujas portas são indistintamente abertas com generosidade e amor a brancos, negros, orientais, a todas as etnias e grupos raciais.

Essas veneráveis senhoras materializaram também a voz que exige a laicidade do Estado. O destaque e visibilidade de sua presença lembra que as casas de asè têm sido atacadas e destruídas pelo ódio político-racista e pelo fundamentalismo religioso. Seus filhos e filhas têm sido apedrejados e agredidos de diversas formas. Elas mesmas têm tido as vidas ameaçadas e ceifadas pela violência dirigida às matrizes africanas no campo religioso.

A violência contra as mulheres negras, tema central da Marcha, foi demonstrada de maneira cabal pelo *Mapa da violência 2015*. Segundo dados divulgados pela Faculdade Latino-americana de Ciências Sociais, o número de homicídios contra as mulheres cresce, à revelia da aplicação da Lei Maria da Penha, principalmente entre as negras. Em 2013, a cada cinco mulheres assassinadas, três eram negras.

No encerramento da Marcha, as milhares de mulheres negras que chegaram ao Congresso Nacional foram agredidas por homens da extrema direita escondidos em barracas de camping, armados com revólveres e bombas caseiras. Dois deles atiraram para o chão e para o alto, ameaçaram manifestantes e lançaram bombas, causando pânico e medo. Foram desarmados e presos, mas não algemados. Um deles, flagrado por fotógrafos de jornais, sorria cinicamente de dentro da viatura policial, assentado ao lado de um colega (os ultradireitistas são policiais civis) e fazendo o gesto de continência militar.

Em alguns hotéis, no dia seguinte, as manifestantes hospedadas fecharam a conta mais cedo para evitar confronto com dezenas de ultradireitistas supostamente acampados no gramado do Congresso, mas, na real, instalados naqueles hotéis. Era mesmo para se ter medo, pois aqueles eram os homens e mulheres que ameaçaram deflagrar uma "carnificina" caso suas barracas fossem retiradas do local, onde só se mantinham por capricho do presidente da casa, Eduardo Cunha.

Como parte das atividades estratégicas da Marcha, as trabalhadoras domésticas, prostitutas/profissionais do sexo, artistas, profissionais liberais, trabalhadoras rurais, extrativistas do campo e da floresta, marisqueiras, pescadoras, ribeirinhas, empreendedoras, culinaristas, intelectuais, artesãs, catadoras de material reciclável, Iyalorixás, pastoras, agentes de pastorais, estudantes, comunicadoras, ativistas, parlamentares, professoras, gestoras, entre outras, organizaram audiências públicas na Câmara e no Senado. Nelas, cobraram posições progressistas e comprometidas dos parlamentares, a exemplo da posição assumida por parte significativa da bancada de mulheres. Denunciaram a formação reacionária do Congresso que atenta, de forma violenta, contra os corpos, a saúde, os direitos e a autonomia das mulheres negras, por meio da promoção de discriminações, do ódio e desrespeito aos que diferem e discordam do fundamentalismo que domina a casa do povo.

A *Carta das Mulheres Negras*, de 2015, propõe uma série de ações e orientações para políticas públicas no campo do direito à vida e à liberdade, da promoção da igualdade racial, do direito ao trabalho, emprego e território. Direito à terra, à moradia e à cidade, à justiça ambiental, à defesa dos bens comuns e à não mercantilização da vida. Direito à seguridade social, à educação e à justiça. Para alcançar o bem-viver proposto pela Marcha, a superação do racismo e da violência, dos quais as mulheres negras são alvo, essas são condições essenciais.

Mas, enquanto isso não acontece inteiramente, vão sendo estabelecidas conexões entre a natureza, a política, a cultura, a economia e a espiritualidade, das formas possíveis e de maneira holística. Recupera-se, assim, o sentido de utopia para a construção de um mundo no qual todas as pessoas possam viver com ética, saúde, direitos substantivos, alegria e dignidade.

AOS QUE FICAM NOS PORTÕES DO ENEM

O professor me contou que fazia compras no Atacadão de Cajazeiras XI num belo domingo de praia quando o serviço de alto-falante anunciou: "Caros clientes, o Atacadão pede desculpas pela demora na fila dos caixas, mas, como os senhores sabem, hoje é dia de prova do Enem e as empresas são obrigadas por lei a liberar seus funcionários".

Eu e o amigo especulamos: e se não fosse obrigatório, a moçada seria liberada?

A espetacularização anual da tristeza e do desalento, às vezes desespero, das pessoas que chegam atrasadas ao exame e encontram os portões fechados responde parcialmente à pergunta. Afinal, são mulheres e homens, nem sempre jovens, um povo negro e de periferias, a quem a consolidação do Enem como forma de seleção para a universidade garantiu o sonho de cursá-la.

É uma gente a quem o transporte público atende de maneira traiçoeira e ainda mais restritiva nos fins de semana. Como? Você não sabe? O número de carros é diminuído e o espaçamento entre um e outro, alargado. Em muitos casos, os ônibus de determinados trajetos são simplesmente recolhidos à garagem nos domingos e feriados, ou seja, as empresas de transporte só oferecem seu precário serviço à população nos dias "úteis".

Trata-se de uma turma cujos pais não levam de carro até a porta dos locais de prova, não preparam lanchinho com chocolates, energéticos, iogurtes e barra de cereais, e que não receberá curso de línguas no exterior como prêmio de consolação caso fracasse. Um pessoal que precisa negociar duas horas de antecipação na saída do trabalho e, como se não bastasse, pela Lei de Murphy, pelo patrão ou pela falta de solidariedade dos colegas que o julgam esnobe por desejar a universidade, sempre rolará um imprevisto na hora H.

São mulheres que só saem do lar depois de deixar a comida pronta para os filhos, que dependem do favor de alguém que dê uma olhada nas crianças enquanto elas fazem a prova e correm para retornar à casa. São trabalhadoras domésticas liberadas do trabalho depois de deixar fresquinho o almoço dos patrões, ou de cumprir a rotina de passeio e banho do cachorro da casa.

Apesar da mídia empenhada em humilhar os candidatos atrasados, há esperança de que temas mais relevantes do Enem mereçam holofotes na imprensa, tais como o pensamento de Simone de Beauvoir sobre como nos tornamos mulheres e de como a violência de gênero, imposta ao longo da vida, é marcante na construção dessa identidade. Ou o pensamento da feminista chicana Gloria Anzaldúa na prova de inglês. Quem sabe a autocartografia social dos povos e comunidades tradicionais da Amazônia que georreferenciam sua própria presença e transformação no território.

A atualidade do pensamento de Paulo Freire abordada na prova também merece atenção, a poesia impressa no saco de pão, bem como o fantástico e oportuno tema da redação, a persistência da violência contra a mulher na sociedade brasileira, entre outras preciosidades. Todos, sinais evidentes de que estudantes precisam exercitar a reflexão e a expressão do respeito ao humano e convivência com o diverso e o contraditório. Oportunidade única para as pessoas expressarem suas ideias, sustentando-as com argumentos dinâmicos e convincentes, sem ferir os Direitos Humanos, por suposto.

À gente que sai do Coque e da Bomba do Hemetério, de Neves e Contagem, da Maré e de Belford Roxo, de Cidade Tiradentes, Pantanal e Carapicuíba, de Fazenda Coutos, Itinga e Sussuarana, de Chaparral e Ceilândia, em direção ao centro de Recife, de Belo Horizonte, do Rio de Janeiro, de São Paulo, de Salvador e de Brasília, para as provas, tal qual Agostinho Neto no poema escolhido pela equipe do Enem, eu vos acompanho pelas emaranhadas áfricas do nosso Rumo. E vamos nós, parcela significativa dos 7 milhões de candidatos-leitores, com Pixinguinha, saravar Xangô.

QUEM TEM MEDO DA UNIVERSIDADE NEGRA?

Durante consulta aos búzios, pedi permissão ao Rei de Oyó, Soberano da justeza das coisas, Senhor de mim, para fazer uma pergunta tola. Estava inquieta com a dúvida seguinte: falar sobre universidades negras na Bahia não deveria ser redundância?

O Rei dos reis desmanchou o siso, riu o riso bonachão que sempre me anima quando estou prestes a desistir e recomendou: pergunte aos universitários, minha filha.

As cotas raciais foram (são) necessárias no país mais negro fora de África para garantir que mulheres e homens negros tivessem vez no ensino superior das universidades públicas brasileiras. Esse processo de luta pluralizou rostos, vozes, culturas e saberes no universo acadêmico ao impulsionar também as reivindicações de espaço para estudantes oriundos de escolas públicas, indígenas, pessoas com deficiência e pessoas trans.

A universidade orgulhosamente branca, em resposta, permite que seus estudantes brancos e endinheirados apliquem trotes humilhantes e racistas aos estudantes negros. Consente que estuprem colegas mulheres e que, depois de forte pressão social por averiguação dos fatos, sejam julgados em corte interna que os pune (e ao crime hediondo) com mero afastamento do cotidiano acadêmico por alguns meses.

Os que temem a universidade negra consultam, sem pejo, os búzios de Babás e Iyás negros nos parcos territórios de asé onde ainda reinam. Numa inversão de valores, chegam a prescrever às autoridades religiosas o que seria necessário fazer, pois se julgam senhores do mundo.

A universidade negra quer que essa Iyá e esse Babá negros que socorrem e acolhem a todas as pessoas, indistintamente, sentem-se nos bancos escolares para obter a titulação universitária no grau máximo. Mais do que isso, a universidade negra os quer como professores, como mestres de saberes, cujos títulos foram outorgados pela tradição e pela sabedoria ancestral e, portanto, podem (e devem) ministrar aulas na universidade, no mesmo patamar de doutores, pós-doutores e professores titulares.

Carnaval, Candomblé e Capoeira Angola, expressões inequívocas da herança africana no Brasil, nunca se fecharam para os brancos. Por que a universidade negra que nascerá da universidade branca se fecharia?

Ainda por muito tempo, a maioria branca continuará com a responsabilidade de elaborar as provas dos vestibulares (os professores negros não chegam a um por cento do corpo docente das principais universidades públicas brasileiras) e de compor a banca dos exames de admissão e conclusão dos programas de pós-graduação, principalmente dos concursos para docência. Portanto, por muito tempo ainda, continuarão com a faca e o queijo nas mãos.

Então por que tanto medo, senhores? A favor de vocês depõe ainda o retrato da realidade feito por Geraldo Filme: "Crioulo cantando samba / Era coisa feia / Esse negro é vagabundo / Joga ele na cadeia / Hoje o branco está no samba / Quero ver como é que fica / Todo mundo bate palmas / Quando ele toca cuíca [...] / Negro jogando pernada / Mesmo jogando rasteira / Todo mundo condenava / Uma simples brincadeira / E o negro deixou de tudo / Acreditou na besteira / Hoje só tem gente branca / Na escola de capoeira [...] / Negro falava de umbanda / Branco ficava cabreiro / Fica longe desse negro / Esse negro é feiticeiro / Hoje o negro vai à missa / E chega sempre primeiro / O branco vai pra macumba / E já é Babá de terreiro!".

Acalmai vossos corações! A simbologia do poder negro é importante, mas as conquistas incipientes não têm sido suficientes sequer para garantir nossa existência. Morremos aos magotes, a cada semana, como Cláudias, DGs, Amarildos, como o menino Eduardo e o adolescente Kaíke Augusto, só para citar algumas mortes de negros anônimos noticiadas pela mídia, dada a situação de extrema violência e/ou covardia que os vitimou.

Não se desesperem! A universidade negra não lhes tirará os dedos, nem os anéis. Não mexerá no conforto de vocês, tampouco, nada disso. A universidade negra apenas criará possibilidades de conforto existencial e epistêmico para os que só conhecem o desconforto. Porque o mundo é um conjunto de possibilidades, mais do que um conjunto de realidades, lição do mestre Milton Santos disponível há muito tempo para aprendizado.

A universidade negra quer afirmar direitos, promover culturas e saberes que não têm tido vez no mundo globalizado. Quer a ética como base epistemológica inegociável. Quer coexistir, e não eliminar indivíduos, mas é certo que queira eliminar o racismo e estabelecer a convivência equânime entre as pessoas, respeitando todos os seus pertencimentos.

Não temam, senhores! Nos Estados Unidos, berço das universidades negras, a centenária Howard University daqui a pouco precisará garantir cotas para estudantes negros, pois a cada ano aumenta o número de estudantes brancos que procura a instituição por não terem condição de custear a pesada *tuition* das universidades tradicionais (leia-se brancas) e matriculam-se nas instituições negras que têm valores mais acessíveis.

A universidade negra no Brasil é necessária para que estudantes veteranos brancos sintam-se desencorajados de travestirem-se de Ku Klux Klan para recepcionar calouros também brancos, mas com um recado subliminar e sub-reptício aos negros, aqui traduzido: "Se vocês saírem do seu lugar de negro, estamos prontos a lhes mostrar quem é que manda".

Exercitem, senhores, o princípio iansãnico-budista do desapego aos privilégios da branquitude, do movimento que desloca os ares do novo. Não tenham medo, senhores, hay que enegrecer para germinar a ternura.

Cantem com Mariene de Castro, pois isso ajuda a alfabetizar o ouvido e o coração: "Eu sou preta / Trago a luz que vem da noite / Todos os meus santos também podem lhe ajudar / Basta olhar pra mim pra ver por que é que a lua brilha / Basta olhar pra mim pra ver que eu sou preta da Bahia / Eu tenho a vida no peito das flores vivas / No meu sangue o dendê se misturou / Tenho o fogo do suor dos andantes / E a paciência do melhor caçador / Eu sou preta / Vou de encontro à alegria / Minha fantasia é mostrar o que eu sou / Vim de Pirajá tocando pra Oxalá / Pra mostrar a cor do alá de Salvador / Eu sou preta / Mãe da noite / Irmã do dia [...]".

COBERTURA DA EUROCOPA 2012

Um dos fatores irritantes da cobertura da Eurocopa 2012 foi o tratamento dado pela imprensa brasileira às inúmeras e recalcitrantes manifestações de racismo: de poloneses contra negros, de russos contra negros, de ucranianos contra negros, dos demais europeus do Leste contra negros, do restante dos europeus contra negros.

A imprensa brasileira, quase toda branca, fez comentários extemporâneos, baseados em suas crenças, que podem ser divididos em três blocos genéricos.

O primeiro nutria indisfarçável preconceito contra os povos do Leste Europeu. Eles seriam atrasados em relação aos europeus dos outros quadrantes e, em decorrência disso, responsáveis por manifestações racistas. Também não teriam familiaridade com migrantes negros, como a grande Europa teria. Este, além de ser um argumento que justifica o injustificável, denota desconhecimento de história contemporânea, pois durante a segunda metade dos anos 1970 e durante toda a década de 1980 foram inúmeros os africanos oriundos de países albergados no bloco da ex-União Soviética, durante a Guerra Fria, que viveram nos países do Leste Europeu e geraram filhos negros e mestiços por lá, inclusive. Outros negros, africanos e cubanos, circularam pelo Leste para desenvolver tecnologia de guerra.

O segundo bloco da imprensa brasileira recriminava o racismo presente na Eurocopa com enfado, como se dissessem: "Poxa, desperdiçamos tempo ao comentar essa coisa chata de racismo e esses chatos impedem a gente de falar do que realmente interessa, o futebol dentro do campo, sem afetações sociais e políticas fora do campo".

O terceiro bloco recriminava o racismo de maneira séria, mas minimizando-o, relegando as manifestações a indivíduos ou pequenos grupos de pessoas, evadindo dos aspectos institucionais e estruturais.

Todos fizeram coro contra os parcos jogadores negros que se posicionam e tentam discutir o racismo como algo estrutural nos países em questão. As declarações desses bravos foram diminuídas, descontextualizadas, quando não, ridicularizadas.

Cheguei a ouvir um repórter brasileiro sugerir que as pessoas intimidassem os racistas com filmagens, caso fossem ofendidas (ele considera o racismo uma simples ofensa) e divulgassem na internet. É ingenuidade ou cabotinismo. Atitudes racistas intimidam, humilham, espancam, matam. A coisa é séria e esses irresponsáveis brincam de fazer jornalismo.

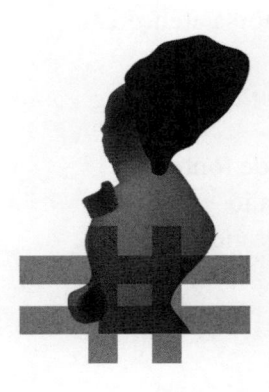

O KONG SE VIROU CONTRA O FEITICEIRO

Foi em jogo do campeonato paulista
Que a joia santista
Foi chamada de macaco
Porém, com estima fortalecida
A joia enquadrou o Fonseca
Técnico do Ituano
Autor do ato insano

O que foi que você disse?
Me chamou de macaco ou foi chiste?
Qualeque é, tá me tirando?

Tá maluco, moleque?
Retrucou o Fonseca
Você só quer aparecer
Cai-cai como folha seca
E agora faz adivinhação?

A joia, convicta
De Paulo Estevão chamou a atenção
Estava ligado na fita
Ali rolava discriminação

O quarto árbitro se fez de tonto
Surdo, camuflou a questão
Era briga de cachorro grande
Não queria amolação

A joia de cabeça fria
Também reviu o que ouvira
À luz de velha instrução
Racismo é papo polêmico
Deixe quieto
Não pague mico
Isso é mídia negativa
Corrosiva
Explosiva
Traz vantagem nenhuma, não

Aplicada, inteligente
A joia achou pertinente
Minimizar o problemão
Lembrou-se do jogo Brasil e Escócia
Da casca de banana
Atirada em sua direção
Do coração apertado
Da dor de craque humilhado

No jogo contra o Bolívar
Na terra de Evo Morales
Bananas e objetos
Outra vez arremessados
O racismo abjeto
Mirava a ousadia do menino
Chamando-o de macaco
Quebrava as pernas de Neymar
Aquele que nos outros dias do ano
Recusa-se a enxergar o racismo vivo

Mas o mundo é mesmo redondo
Ali morava outro porém
Tudo vai e tudo vem
O Kong se virou contra o feiticeiro
O que dirá seu parceiro?
Alexandre Pires, tirado a bom mineiro?
Autores de brincadeira racista
Que a nós feriu de morte
Golpe traiçoeiro, sem rebote

O caso é que a Cabocla
Surge sem bater na porta
Um dia Kong no clipe
No outro
Macaco para a claque branca
A Cabocla é mesmo inclemente
O bumerangue do feitiço
Cedo ou tarde
Volta!

SANTO DEUS DAS BANANAS, OLHAI POR ELES!

Olhai pelos tolos seguidores dos idiotas, senhor deus das bananas. Porque eles são ingênuos, não sabem o que fazem. Mas, aos portadores de mau-caráter, aproveitadores de todos os matizes, racistas quatrocentões e também os de primeira geração, aplicai a dureza da lei.

Racismo é crime. Sem açúcar e sem afeto, ao contrário do que pensam os adoradores da banana. É preciso investigar e punir para coibir manifestações futuras. Assim fez o Villarreal, time responsável pela torcida que atirou em campo uma banana, devorada então pelo jogador Daniel Alves. O clube identificou o torcedor responsável pela atitude racista durante a partida entre a equipe e o Barcelona, pelo Campeonato Espanhol, punindo-o com a suspensão do carnê de sócio e o banimento do estádio El Madrigal pelo resto da vida.

O clube não agiu sozinho, partilhou o sucesso da ação com os responsáveis pela segurança do estádio, bem como a torcida, todos imbuídos na identificação do autor da discriminação racial, para impedir, inclusive, uma possível punição desportiva à agremiação. Ou seja, ao investigar, encontrar o racista e puni-lo, o Villarreal alavancou para a sociedade espanhola e para o mundo o compromisso inequívoco de respeito aos Direitos Humanos, ao direito de trabalhar em condições dignas.

À presença de espírito de Daniel Alves ao comer a banana, ao transgredir e ostentar uma atitude inusitada diante da clássica discriminação racial que associa pessoas negras a macacos com o objetivo de desumanizá-las, seguiu-se uma campanha marqueteira de quinta categoria nas redes sociais, evocando o macaco que as teorias evolucionistas guardaram dentro dos seres humanos.

O senhor está perplexo, senhor deus das bananas? Nós estamos, pois, ao cabo, se somos todos macacos, não existem mais racistas.

Merece algumas linhas adicionais, senhor deus das bananas, a referida atitude de Daniel Alves, sertanejo brioso que não teme a ingestão de veneno. Porque o senhor sabe, aquela banana era tóxica, continha uma quantidade secular de energia radioativa. E Daniel, no ímpeto de reagir (talvez de marquetear), comeu-a inteira. Mesmo um primata não faria isso. Os animais sabem reconhecer as plantas venenosas e o perigo de morte. Só nós, humanos, subvertemos a lógica da natureza e achamos que, comendo a banana, produziremos anticorpos que destruirão os racistas.

Ensina o manual de faxina étnica, senhor deus das bananas, que a eficácia da limpeza está diretamente relacionada à desumanização do grupo que se quer exterminar e/ou explorar. Os nazistas comparavam os judeus a ratos e baratas. À colonização europeia, por sua vez, a associação de africanos a macacos é intrínseca.

A opressão racial é tão vil e eficiente no Brasil que consegue fazer com que um jovem destacado de sua comunidade de origem, o jogador Neymar, visivelmente, notadamente, escancaradamente afrodescendente (sem a opção do escapismo moreno), nomine-se como macaco, mas não se reconheça negro.

E se é verdade que "todos somos macacos" (nós, os negros, os "brancos" como Neymar e os brancos como Luciano Huck), Dani Alves e o companheiro midiático estão absolvidos do estigma do racismo que lhes é tão oneroso (a nós também) porque não é algo humano e porque nos é insuportável.

Mas a diferença entre uns humanos e outros, senhor deus das bananas, é que alguns não têm alternativa de sobrevivência, senão enfrentar o racismo, e por isso se afirmam negros, ao tempo em que mandam os outros, os macacos-humanos, procurarem a própria turma e plantarem bananeira no asfalto quente para divertir os brancos.

O grupo das pessoas descoladas que se autoelogiam como macacas e utilizam os cartões de entrada VIP para o jogo da vida (fama, dinheiro, prestígio social) opta por enfatizar, como o fez

Dani Alves, que brasileiros têm samba no pé e alegria de viver. Por conseguinte, conclui-se, driblam o racismo com irreverência e criatividade.

Seguindo esse raciocínio, são capazes de entortar os adversários (e os pares) ao propor uma campanha contra o racismo tão racista quanto o ato deflagrador. Assim, eles demonstram orgulho por ser macacos, mas negam que sejam negros. Santa lobotomia, senhor deus das bananas! Triste fim da humanidade!

"AQUELA PALAVRA MACACO NÃO FOI RACISTA, FOI NO EMBALO DO JOGO"

Cara Patrícia Moreira, autora de ataques racistas ao goleiro Aranha,

Toda vez que você chama uma pessoa negra de macaca, do alto de sua branquitude, você a manda de volta para o tronco. Você está dizendo a ela para regressar ao lugar de subalternidade que o seu privilégio branco, construído à custa da exploração das pessoas negras, julga ser o lugar dos negros no mundo! Compreendeu?

Dou-me o trabalho de explicar, *just in case*, se por ventura você ou seu advogado argumentarem que isso foi feito inconscientemente, o que pode ser verdade, diga-se, pois é característica do racismo construir um campo de ação alargado que vai das ações mais simples, cotidianas e vis de destruição da psiquê de um ser humano, como chamar alguém de macaco, à crise de consciência e remorsos que abrem as comportas das lágrimas de crocodilo da pessoa racista. E isso ainda comove muita gente.

Quem sabe usando a associação da discriminação à sua condição de mulher você consegue compreender o que fez? Vamos lá, tentarei.

Os mecanismos discriminatórios funcionam assim: se você está dirigindo um carro pelas ruas de Porto Alegre, atende o celular, desconcentra-se das funções de motorista, freia em cima da faixa de pedestres e quase mata de susto um pai que atravessa a rua tranquilamente, de mãos grudadas ao filho de quatro anos, é justo que ele diga: "Tu és uma imbecil, guria, uma irresponsável! Tu podias ter matado meu filho, não vês?".

Mas se, ao invés disso, igualmente tomado pelo calor da hora, pela ira no embalo do jogo, ele disser: "Mulherzinha ordinária, onde compraste tua carteira? Tu devias estar em casa, pilotando fogão e lavando as cuecas do teu marido, isso se tu tiveres marido, guria vagabunda, que homem nenhum deve querer uma idiota como tu". Se ele fizer isso, Patrícia, não há sangue quente que o redima, isso é machismo, discriminação de gênero, e cabe processo.

Dou outro exemplo para lhe ajudar. Você não havia nascido ainda, mas no fim dos anos 1970, início dos anos 1980, houve uma campanha importantíssima no Brasil, protagonizada pelo movimento de mulheres, chamada "Quem ama não mata". A campanha pretendia alertar a sociedade brasileira sobre o direito à vida que as mulheres precisavam exercer plenamente. Soa ridículo, não? Veja, era necessária uma mobilização social e política para dizer ao país que as mulheres tinham o direito de viver, que os homens não tinham o "direito" de assassiná-las "por amor", "movidos por forte emoção", "em defesa da honra", no embalo do jogo.

No embalo do jogo, inúmeras mulheres foram e continuam a ser assassinadas por homens que se julgam seus donos, mesmo com a vigência da Lei Maria da Penha.

No embalo do jogo, todo o privilégio branco que você carregou em 23 anos de existência se manifestou contra um homem negro que trabalhava como jogador de futebol.

No embalo do jogo, o juiz da partida ameaçou expulsar esse jogador de campo, quando reclamou com firmeza da agressão racial que recebia de você, de seus amigos brancos e dos negros assimilados que faziam coro.

Veja que irônico: seu privilégio branco é tão consolidado e perene que o juiz da partida, sem sequer conhecê-la, assegurou, de dentro do campo, as condições para que você e seu grupo continuassem a agredir Aranha diretamente, e, por extensão, também a todas as pessoas descendência africana no mundo. No embalo do jogo.

PELÉ E A CONSCIÊNCIA NEGRA OU ESTAMOS POR NOSSA PRÓPRIA CONTA...

Pelé é um sujeito conhecido e reconhecido pelas declarações infelizes e obtusas que procuram minimizar as manifestações de racismo em todos os continentes. É frustrante e dolorido ouvi-lo; contudo, sua patética figura no quesito compreensão do funcionamento do racismo é plenamente compreensível no contexto brasileiro.

A principal estratégia da casa-grande para perpetuar o racismo no Brasil tem sido sua negação. Por isso é tão importante, para assegurar o sucesso desse projeto hegemônico, que emblemas como Pelé prestem tal desserviço ou façam esse trabalho sujo.

A persona Pelé vende a ilusão de que nunca foi alvo de racismo ou que o superou pela realização profissional e pela subserviência discursiva aos métodos de manutenção do poder branco, que permitem a existência inofensiva de alguns símbolos negros de sucesso. E pretende dizer aos mais novos, tais como Aranha, o insurgente, que, para chegar a algum lugar como negro, é preciso aquiescer ao poder branco, baixar a cabeça frente aos racistas. Calar-se. Resignar-se.

Ele, que é o Pelé, inigualável e insuperável dentro de campo, sofreu calado. Por que esses garotos novos, que tão distantes dele estão como jogadores, querem holofotes para um problema que deve continuar debaixo do tapete?

A resposta é que esses meninos já aprenderam que as coisas podem e devem ser diferentes e que mudarão se nós também mudarmos, se não aceitarmos passivamente que nos chamem de macacos, dizendo o que sentimos, o que queremos, por onde devemos caminhar e de que forma. Porque, antagonistas de Pelé, essa moçada já compreendeu que os tempos poderão ser outros se escrevermos nossa própria história pelos marcos referenciais que nós mesmos escolhermos.

LÁGRIMAS DE HOMEM ABALAM O MACHISMO NO FUTEBOL. E O RACISMO? VOA IMPÁVIDO EM CÉU DE BRIGADEIRO!

As lágrimas dos jogadores brasileiros pressionados pelo terror da eliminação da Copa das Copas ainda nas oitavas de final incomodaram muita gente. A fragilidade dos homens, exposta no choro copioso daquela situação de tensão e desespero, mexeu com as estruturas enrijecidas de muita gente, para o bem e para o mal.

Houve os que se sentiram incomodados porque, em síntese, acreditam que homens são machos e não devem chorar. Afinal, o choro denota fraqueza e os jogadores (de futebol) estão em campo como soldados para guerrear, ninguém quer passar à História com as marcas da derrota e do fracasso. Poucos defendem o choro como expressão válida de sentimentos, como válvula de escape legítima ao alcance dos canais lacrimais de todo ser humano, inclusive dos homens, humanos também.

A mídia esportiva, os atletas e o espírito de novo-rico da maioria amadurecerão muito se mergulharem profundamente na potencialidade curativa do choro. Lágrima é palavra abafada que escapa quando a maré dos olhos vaza e derrama pela face proteínas, sais minerais e gordura que lubrificam e limpam os olhos, retiram véus, diminuem a acidez. Na situação desses homens-atletas, resgata a humanidade do filme da vida vivida antes de alcançarem a riqueza e a fama, que lhes pesam sobre os ombros.

O choro da Seleção Canarinho balança os pilares do machismo mais evidente, tal qual o canto do pássaro pode tocar os corações mais duros.

A dor, a humilhação e a angústia deflagradas nas pessoas-alvo do racismo, por sua vez, estão longe de comover os corações daqueles brasileiros que se consideram macacos, transbordantes de orgulho e "amor" nos versos cantados na arquibancada dos estádios.

O capitão da Colômbia foi vaiado ostensivamente depois de ler discurso da Fifa que instava todos os fãs de futebol a combaterem a discriminação racial nos campos e fora deles. Em meio aos emissores da vaia não havia número significativo de negros, e quando a elite no estádio foi adjetivada como branca, a elite branca de fora (da mídia hegemônica, da indústria das celebridades e do entretenimento, das rodas intelectuais, dos blogues descolados) sentiu-se incomodada e entrou no campo em defesa própria.

Não, não somos racistas! Racismo é coisa dos Estados Unidos que os colonizados negros brasileiros querem importar. Quanto às crianças brancas que entraram de mãos dadas com os jogadores em todos os jogos da Copa das Copas, é lógico que não temos culpa de serem todas brancas. Aliás, não vemos problema nisso, como não existe problema também no fato de serem brancos os torcedores que encheram os estádios desde a Copa das Confederações.

Em nome do contraditório, vemos a crescente presença de jogadores negros nas seleções da França, Bélgica e Holanda. Do lado de cá, atentamos para os nomes e sobrenomes desses jogadores, nascidos nas colônias em África e Caribe, ou filhos de migrantes africanos e caribenhos, gerados nos países brancos por contingência. Pobres, majoritariamente, que, como os outros negros diaspóricos e africanos, têm no futebol, ao qual dedicam a vida desde crianças, rara possibilidade de ascensão social. Assim se manifesta e se perpetua a versão mais palatável do racismo.

A versão mais dura, tão cotidiana quanto a primeira, manifestou-se após a agressão de Juan Camilo Zúñiga, lateral-direito da Colômbia, ao brasileiro Neymar, levando-o a fraturar uma vértebra. Atitude condenável e passível de grave punição por prática antidesportiva, num jogo em que o Brasil também bateu muito e o árbitro foi conivente com as agressões que correram livres pelos dois lados. Em sua defesa, Zúñiga argumentou que o lance infeliz não passou de uma jogada normal e sem intencionalidade de machucar. Sim, "normal" no escopo da violência reinante no jogo, mas não na prática do futebol.

A crítica, a ira e a revolta dos torcedores brasileiros foram deslocadas da violência praticada por Zúñiga para sua condição de homem negro. Insultos racistas e ameaças de morte foram dirigidos a ele e a sua mãe nas redes sociais. Xingamentos de ordem sexual foram impingidos à mãe e à filha de dois ou três anos, também ameaçada de estupro. Um show de horror racista, feminicida e pedófilo.

De todo o episódio, salvaram-se as atitudes exemplares de David Luiz. Alguém disse que ele era bom atleta e bom samaritano. É verdade. Um homem na contramão do evangelho do marketing pessoal. Pratica valores como a humildade, a integridade, o respeito e a compaixão, do modo ensinado pela tradição africana, seguindo a pedagogia do exemplo. Mesmo sombreado pelo contexto de negação das aproximações com África, David Luiz reafirmou a origem da cabeleira crespa dele, um rapaz socialmente branco.

Em entrevista à tevê colombiana, junto com James Rodríguez, adversário derrotado e amparado por ele, o menino dos cachinhos crespos de ouro, em bom portunhol, explicou que a garotada tem como modelo o cabelo dos jogadores famosos, mas isso não deve bastar aos ídolos, que, por sua vez, devem também procurar se mostrar como homens grandiosos para inspirar os garotos com bons exemplos e firmeza de caráter.

UNIDADE LATINO-AMERICANA SEM NEGROS NÃO SERVE

Por que você me chutou?, pergunta Evra, lateral do Manchester United, a Luis Suárez, jogador do Liverpool. Porque você é negro! A conversa prossegue ríspida durante jogo do campeonato inglês e Evra ameaça agredir Suárez, caso ele continue chamando-o de negro. Suárez conclui irônico: Eu não falo com negros!

A atitude racista do jogador uruguaio está detalhadamente registrada em 115 páginas de um processo da Federação Inglesa de Futebol, nas quais ele alegou ter chamado Evra de negro de maneira amigável e conciliatória. Como não se tratava de contexto latino-americano no qual o racismo é tolerado e relativizado, no qual a palavra racismo é eliminada do discurso, ao tempo em que se fortalecem e reinventam as práticas racistas, isso não colou. Suárez foi afastado do futebol por oito jogos, multado em 40 mil euros, proibido de pronunciar a palavra negro no futuro.

Perdoem-me Beatriz Ramirez, Elizabeth Soares, Romero Rodrigues, Mizangas, Mundo Afro, Mujica, mas não há ufanismo latino-americano que desvie meu olhar de um jogador racista, mesmo que a imprensa queira imputar-lhe contornos épicos como artilheiro da brava Seleção uruguaia. Aliás, como sabemos todos, a decantada unidade latino-americana em muito pouco ou nada inclui os negros, seja nas obras dos grandes pensadores de América Latina, seja na atuação de ativistas políticos que se mostram sensíveis ao genocídio indígena nas Américas, mas é blindada quanto ao genocídio negro de ontem e de hoje.

Luis Suárez é um racista desprezível, não posso vê-lo de outra forma. Por isso, entre a Itália racista e o Uruguai de Suárez, sou Barwuah, o filho de migrantes ganenses que se fez Balotelli na terra de Mussolini.

FUTEBOL BRASILEIRO E ÉTICA

O futebol, que me distrai tanto, anda afastado de meu campo de interesses e possibilidades. Tempos de muito trabalho interno, externo e literário. Restam-me as orelhadas na crônica esportiva, os pitacos dos amigos, principalmente os feridos pela derrota dos times do coração.

É assim na Bahia, onde Mandingo engole, silencioso e recluso, a vitória do combalido Bahia (por ele apelidado de Jahia) sobre o todo-poderoso Vitória. Nome que perdeu o sentido no campeonato estadual, se é que vocês me entendem.

Também em Minas, onde o triste Galo pela milésima vez perdeu o título para o Cruzeiro. Dizem que com pênalti não dado, portanto roubado, mas perdeu, é o resultado final. Situação similar ao time campeão carioca, marcado por glórias mil, mas também por um goleiro assassino da ex-parceira sexual.

Na linha sucessória, o time teve outro goleiro "polêmico" que, diante da nota oficial da associação de juízes do estado, segundo a qual seu companheiro de time estava impedido no gol do título, afirmou lampeiro e impune: "Roubado é mais gostoso".

Haja escola, professora comprometida com uma educação libertadora e ética, educação em casa, paciência, força moral para combater o contraexemplo oferecido por um ídolo popular de que roubar, enganar, ludibriar, obter vantagem ilícita é mais saboroso que ser honesto, leal e ético. Saudade sinto da irritação de Seedorf com o cai-cai dos jogadores brasileiros e a tentativa de ludibriar os juízes, e também de sua certeza de que o respeito às regras do jogo é mais importante do que o gol.

Pela tevê soube que o salário mensal de Leandro Damião, do Santos, é maior do que a folha de pagamentos inteira do Ituano, campeão paulista vindo do interior. Esse é o irônico mundo do futebol brasileiro!

A ironia prossegue quando me lembro de que Damião, jogador discriminado e em muitos momentos ridicularizado por ser originário da várzea gaúcha, por não ter passado anos em escolinhas de futebol de grandes clubes quando criança e adolescente, além de não ter a experiência das categorias de base, tornou-se sucesso improvável pelo empenho no trabalho, boas atuações no Internacional e principalmente na Seleção brasileira. Seu passe foi valorizado, transformou-se em jogador de elite e hoje seu salário ultrapassa o montante de pagamentos do time campeão do certame paulista, que, além de derrotar o Santos, venceu os outros três grandes durante a competição, Palmeiras, Corinthians e São Paulo, nessa ordem. Não por mero detalhe, Damião segue sendo um homem simples, pouco afetado pelo glamour de boleiro bem-sucedido.

É bom saber que além da validade do que o juiz não vê, enaltecida por Felipe, do Flamengo, o mundo dá voltas e também produz exemplos extremamente positivos, como o de superação, protagonizado por Damião. Este honra a inspiração máxima que os dois jogadores de futebol representam para a meninada brasileira de mesma origem racial e social.

A VITÓRIA DOS GARIS NO RIO DE JANEIRO

Senti o peso da chegada aos quarenta quando em conversa com duas aguerridas ativistas pelos Direitos Humanos, uma de vinte e sete e outra de vinte e três anos, usei a palavra "pelego" para caracterizar determinado setor de trabalhadores, sem maiores explicações. Elas me olharam desentendidas e a mais jovem me perguntou que conceito era aquele. Antes de explicar, fui obrigada a concluir que estou mesmo envelhecendo.

Passada uma década, a mais velha da dupla, que agora chega aos quarenta, deve sorrir ao ver a abundância de referências ao sindicato pelego dos garis do Rio de Janeiro. A expressão, usual na década de 1980 do século passado, volta à baila em 2014, trazida pelo movimento grevista dos garis do Rio. Eles abandonaram as vassouras, ergueram punhos, vozes e marcharam durante oito dias pelo centro da cidade, reivindicando a destituição de decisões anteriores tomadas pelo sindicato pelego que havia se vendido ao patrão (à prefeitura). Acenderam faróis inertes desde as greves do ABC no final dos anos 1970 e dos professores da rede pública na década de 1980.

Os meninos e meninas de laranja, cuja força o peleguismo da mídia hegemônica demonizava e diminuía, o peleguismo do sindicato traía e a prefeitura carioca fingia não ver, disseram um não rotundo a todos que queriam transformá-los em suco. Venceram! Inclusive às tropas armadas e truculentas que os forçavam a trabalhar sob o disfarce da proteção.

É imperativo aos conservadores admitir que, doravante, a esperança da transformação social veste laranja e é negra. Bela e majestosa como a noite em que a carruagem abóbora de Matamba nos despertou do pesadelo do peleguismo!

TEMPO NOVO!

O tempo nos ensina que mesmo quando certas coisas são superadas, as coisas ultrapassadas permanecem convivendo com a novidade por muito tempo. Às vezes de maneira pacífica, em outras instaurando-se a guerra, mas estas e aquelas se suportam, se aturam em tempos diferentes.

Nós, pessoas negras, experimentamos pequenas conquistas de grande valor simbólico em todos os campos, sempre marcadas por contradições. No futebol, Arouca, antes de Aranha, ambos jogadores do Santos de Pelé, já havia se rebelado de maneira contundente contra o racismo institucional nos campos de futebol. Pelé, de quem a crônica esportiva conta muitas histórias de discriminação racial sangradas na pele preta de sua realeza. Contam, por exemplo, que um homem rico recepcionou um grupo de jogadores importantes em casa, Pelé entre eles. Esse senhor teria mandado esvaziar e lavar a piscina depois que o Rei se banhou por lá.

Quando se trata de assumir e discutir o racismo no futebol, Pelé é um zagueirão sem técnica, bronco e violento, daqueles que isolam a bola, dão botinada, como se assim, passando por cima do adversário, fingindo que ele não existe ou é ruim de bola, anulassem o problema.

Entretanto, Aranha e Pelé, tão distintos na percepção e no enfrentamento do racismo que os atinge, escolheram caminho semelhante na composição da família. Casaram-se com mulheres brancas. Afinal, em algum lugar da subjetividade dos homens negros um apito deve alertá-los de que estar de braço dado com o mesmo modelo de mulher escolhido pelos machos tipo alfa proporciona um *upgrade* na masculinidade subalternizada que os fragiliza.

Saindo do campo das contradições e voltando ao das conquistas simbólicas, vê-se no judiciário a pequena presença numérica de mulheres e homens negros no exercício da função de juízes. Nas universidades há alguns professores negros e verifica-se também mudança da paisagem discente deflagrada pelas cotas raciais e pelo ProUni.

Na sociedade civil organizada a atuação das mulheres negras nos 25 anos recentes tem sido timoneira dos principais ganhos obtidos pela população negra no país, no que tange à representação política e à participação em instâncias de poder.

Na arte, o hip-hop, desde os anos 1980, forma sucessivas gerações de jovens negros politizados e aguerridos, com consciência de raça e classe. Setores importantes das periferias brasileiras, notadamente nas primeiras décadas do século XXI, produzem cultura orientada por parâmetros próprios, deseuropeizados, enegrecidos. Afirmados.

Um conjunto de mulheres e homens negros, cujo trabalho cotidiano o racismo estrutural continua a diminuir, atua na mídia eletrônica, forma opinião, apresenta argumentos. Performa desconstruindo o racismo, escancarando sua instrumentalização.

Prova disso é que o autor de uma minissérie criticada desde a divulgação do título, sinopse, material de propaganda do seriado, comentários da imprensa de celebridades e fofocas, deu-se ao trabalho de escrever uma nota pública em resposta ao burburinho digital contrário à peça televisiva.

Mas existe também um mundo negro que demonstra impermeabilidade relutante ao exemplo, ao discurso e às práticas do mundo negro novo. Um mundo negro apequenado, ainda apegado à sombra da varanda da casa-grande, por não compreender que as pradarias verdejam no horizonte e convidam suas pernas livres de grilhões para correr, nadar, voar.

Este mundo negro definido pelo atavismo, pela crença de que precisará eternamente da liberdade concedida pelos brancos, por meio de favores e afagos na cabeça do animal de estimação que lambe os pés dos donos, é buscado como fonte de inspiração e legitimação para reinventar a casa-grande. E esta, como se sabe, é uma estrutura mental poderosa que, por um lado, garante os privilégios dos donos e, por outro, mantém escravizados e alimentados por migalhas aqueles que, contemporaneamente, validam a ação do escravizador.

O mundo negro novo é fonte de água boa que nem sempre se apresenta à primeira mirada. O mundo negro achatado, por sua vez, é água lodosa que mina do fundo da casa-grande, perto da fossa. Não há como não vê-la, não senti-la. A estratégia de manutenção do poder dos que mandam há cinco séculos é recolher e oferecer essa água podre à massa sedenta em goles diários, como se não houvesse outra. Como se fôssemos obrigados a nos contentar com *Zorra total* e *O sexo e as nega* porque oferecem emprego sazonal a artistas negros que passam longos períodos sem trabalhar, vendo-se, assim, impossibilitados de apurar a técnica e de se firmar no meio artístico. E que a revolta se cale, senão a casa-grande retoma o chicote do *blackface* e aí esses negrinhos verão o que é bom para a tosse.

Há de chegar o tempo em que o anúncio de uma programação televisiva que nos agrida será boicotada, apenas. Vamos impedi-la de ser veiculada por aquilo que anuncia e nos desobrigaremos de assisti-la, nos recusaremos a assisti-la.

Chegará o tempo em que tais histórias não mais serão escritas e quando televisionadas, se forem escritas, não haverá telespectadores nem patrocinadores, portanto, e aí viraremos a mesa e ganharemos o jogo. Mas não nos enganemos, a casa-grande se reconstrói todo dia e pode nos surpreender, como fez no golpe parlamentar--jurídico-midiático de 2016.

ENGRAVIDEI, PARI CAVALOS E APRENDI A OLHAR SALÕES POPULARES DE BELEZA COM TERNURA

Tudo é festa, música, alegria e cor quando um livro de amor e poesia, o *Baú de miudezas, sol e chuva*, galopa como um unicórnio no horizonte da vida de todo dia que por vezes nos apequena. Tudo é abundância quando a flecha de Mutalambô acerta os corações que desbordam na água maior de Kissimbi.

Entretanto, diante do livro novo e do retorno de peça vitoriosa e transformadora aos palcos, o reino vil dos repolhos acéfalos e estéreis se manifesta e macula com saliva amarga as costas da "insuportável" autora. O reino da fertilidade ri em resposta, gargalha e dá beijinho no ombro para os repolhos. Volta ao amor, sem rancor, depois do beijinho no ombro gozador.

Escrever a dramaturgia de *Engravidei, pari cavalos e aprendi a voar sem asas* me expôs a violências, solidão e desencantos, quando não, desesperos comuns à vivência das mulheres negras brasileiras. Preciosa, de Sapphire, manifestou-se com virulência inesperada, desconhecida de meus sentidos e experiências. E, atendendo ao imperativo dessa lava incandescente, escrevi o texto teatral, como muitos dizem (todos homens expectadores), sem refresco. Entretanto, com a expectativa de que a lava, passado o caos, seja o mais poderoso fertilizante do renascimento.

Porém, nem tudo foi dor. A relação das mulheres populares com os salões de beleza, também populares porque de baixo custo e muito acesso, me humanizou. Devo confessar que antes do *Pari cavalos* eu achava aquele ambiente insuportável, até degradante. Continuo não gostando, mas gotas de entendimento umedecem as raízes do cacto plantado dentro de mim.

O salão de cabeleireiros popular é divã sem o aparato de Freud ou Lacan para quem não consegue pagar sequer psicoterapias alternativas executadas por profissionais comprometidos com a saúde mental desse público. Além de divã para uma autoanálise da cliente da vez, assessorada pelas profissionais e demais colegas atendidas, a cadeira do salão popular é palco de devaneios, de alívio de frustrações pela conversa incessante, da cura pela palavra, mesmo que irrefletida, e da busca voraz pela beleza vendida no mercado.

Fazer-se bela nos padrões da moda é mais do que o desejo incontido de aceitação social, de legitimação de um lugar escravizado de mulher. É um devir de desejo maior, aquele que quer, pela beleza conquistada e comprada, portanto pertencente à compradora, aplacar o desamor de não ser vista nem desejada, ou pelo menos não na medida que gostaria ou mereceria.

É mesmo complexo o universo de um salão popular de beleza com todo o imaginário, evocado pela novela, do homem perfeito, cheiroso, carinhoso, pegador de mulher única (ela), e dos filhos em casa, quietinhos, esquecidos por alguns minutos da existência da mãe, além do apoio de outra mulher para fazer todo o trabalho de casa. Há que haver alguma ternura para decodificá-lo.

TERRITÓRIOS NEGROS NO CARNAVAL GLOBALIZADO

Os maracatus são a voz dos candomblés na noite dos tambores silenciosos. Demarcam espaço para a tradição num carnaval massificado a cada fevereiro pela indústria da cultura.

"É de mará... é de maracá..." era o grito de guerra de Naná Vasconcelos regendo o cortejo das nações de maracatu na abertura do carnaval do Recife, como fazia há vários anos. Mas aquele que seria tratado como rei em qualquer lugar do mundo reclamava da falta de atenção e de não ser convidado para participar da coletiva de imprensa pré-carnaval, organizada com as principais atrações da festa de Momo contratadas pela prefeitura.

Em Curitiba negros vestiam as fantasias, orgulhosos, enquanto trafegavam no transporte público rumo ao desfile das escolas de samba. E quem é de fora se perguntava onde aquelas pessoas todas eram escondidas nos outros dias do ano.

Nos blocos renascidos no carnaval das alterosas a partir do movimento Praia da Estação, uma oposição ao prefeito que negligencia a aspiração mundial de direito à cidade, parecia não haver lugar confortável para os negros. Como resposta, alguns criaram o bloco Afro Angola Janga. Também como demarcadores de espaços negros no carnaval de BH surgiram o Afoxé Bandarê, o Magia Negra e o Dreadbloco. As protagonistas são pessoas para as quais as perucas de cabelo black power não servem como adereço de carnaval usado por brancos para ridicularizar os negros, mas como elementos identitários escolhidos por negros para se fortalecerem.

Em São Paulo tem o É di Santo, música e dança de matrizes africanas e afro-brasileiras feitas por gente negra na zona sul da cidade, área de nordestinos forrozeiros e dos Racionais rapeiros. E o Rolezinho das Crioulas na Vila Madalena, ocupação proposta por uma empreendedora negra para promoção do próprio negócio (afinal, as pretas também têm direito a um quinhão na indústria cultural), além de oferecer espaço para aqueles que no restante do ano trabalham com a música para divertir o público frequentador do bairro mais cult dos paulistanos. E, acima de tudo, as mulheres do Ilú Obá de Min que tocam tambores para Xangô pelo centro da cidade. Trezentas percussionistas e dançarinas homenageiam mulheres negras a cada ano, como Elza Soares, a pérola negra, voz do milênio.

E assim, como podem, mulheres e homens negros delimitam territórios novos na festa que um dia lhes pertenceu integralmente.

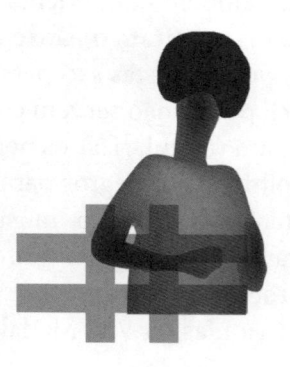

A MENINA DOS OLHOS DE OYÁ EXUZILHOU O RACISMO RELIGIOSO NA AVENIDA

A menina dos olhos de Oyá foi reverenciada na passarela do samba. O enredo da Mangueira popularizou para o grande público o codinome dado à cantora Maria Bethânia por sua Iyalorixá, Menininha do Gantois, imortalizada na canção de Caymmi de 1972, "Oração de Mãe Menininha". Quem não se lembra do dueto de Gal e Bethânia louvando a venerável matriarca? "A estrela mais linda, hein / Tá no Gantois / E o sol mais brilhante, hein / Tá no Gantois [...] / Olorum quem mandou essa filha de Oxum / Tomar conta da gente e de tudo cuidar [...] / Ai, minha mãe / Minha Mãe Menininha / Ai, minha mãe / Menininha do Gantois."

Ou da menos conhecida, mas igualmente bela, "Réquiem pra Mãe Menininha do Gantois", composta e interpretada por Gilberto Gil, em 1986, quando da partida da Iyalorixá para o Orum. Uma homenagem pujante e clássica, um réquiem para aquela mulher fundamental na expressão da religiosidade brasileira em seus fundamentos africanos: "Foi / Minha mãe se foi / Minha mãe se foi / Sem deixar de ser – ora, iêiê, ô / Sem deixar de ser a rainha do trono dourado de Oxum / Sem deixar de ser mãe de cada um / Mãe / Do Orum, do céu / Do orum, do céu / Me ajuda a viver nesse ilê aiê".

Músicas de um tempo, as décadas de 1970 e 1980, em que as religiões de matrizes africanas podiam ser livremente cultuadas, pelo menos no cancioneiro popular e no carnaval, pois a perseguição policial aos terreiros se manteve desde os primórdios do período escravista. Naquele tempo, para realizar as cerimônias, os rituais religiosos africanos precisavam se travestir da liturgia católica. Foram longos períodos de agressão visível na invasão e na destruição de terreiros, no espancamento de frequentadores e sacerdotes, no sequestro de patrimônio, ainda hoje nas mãos da polícia, ocorridos nas primeiras décadas do século XX, e também de persecução menos percebida às casas de asé no período da ditadura civil-militar.

Hoje, com a hegemonia das igrejas caça-níqueis e sua sanha militarizada contra os terreiros de candomblé, materializada no apedrejamento de praticantes, invasão e destruição material dos espaços de culto – veja-se o exemplo do incêndio criminoso no Ilê Asé Oyá Bagan, em Brasília, no ano de 2015, entre centenas de outros. Disseminam-se também as agressões morais às autoridades religiosas do candomblé, casas de umbanda, centros de cura regidos por princípios de religiões africanas e afro-ameríndias, homicídio de sacerdotes, dolosos ou não, além de agressões físicas de Norte a Sul do país.

O enredo de "A menina dos olhos de Oyá" é sustentado pela luta contra o racismo religioso e espraia o ideário do 21 de janeiro, data do falecimento da Iyalorixá Gildásia dos Santos e Santos, a Mãe Gilda, de Salvador, em decorrência de agressões infligidas por uma igreja evangélica em outubro de 1999.

Na ocasião, o jornal *Folha Universal* estampou na capa uma foto de Mãe Gilda em trajes cerimoniais para ilustrar uma matéria cujo título era: "Macumbeiros charlatões lesam o bolso e a vida dos clientes". A casa da Iyalorixá foi invadida. O marido foi agredido verbal e fisicamente por membros dessa igreja evangélica e sua casa de asé foi depredada. Mãe Gilda não suportou os ataques e enfartou. Faleceu três meses depois, no dia 21 de janeiro de 2000, tornado então o Dia Nacional de Combate à Intolerância Religiosa.

O desfile de carnaval campeão da Mangueira é um suspiro de liberdade para todas as pessoas que professam um mundo de respeito às crenças de cada ser humano. E, no caso brasileiro, à valorização coletiva das culturas africanas, estruturantes deste país.

Mas quem é Oyá, Iansã, representada na Sapucaí por sua filha, a cantora Maria Bethânia? Para conhecê-la, bem como a sua presença nos rituais artísticos da filha dileta, recomendo a leitura da dissertação do antropólogo Marlon Marcos, da Universidade Federal da Bahia, *Oyá-Bethânia: os mitos de um orixá nos ritos de uma estrela*. Decerto, uma das dezenas de materiais consultados pelos carnavalescos e compositores da verde e rosa para o desenvolvimento do enredo.

Marlon Marcos a define assim: "Dos orixás cultuados no Brasil, um dos mais populares é Oyá, mais conhecida como Iansã. Esta deusa africana começou a ser cultuada primeiramente entre os iorubás. E a sua adoração passou a atingir toda a extensão das diversas etnias do mundo iorubano, fincando-se destacadamente em cidades como Oyo, Kossô, Irá, Ifé, Ketu, regiões que hoje compreendem uma parte da Nigéria e do atual Benin. Oyá é o orixá dos grandes movimentos e das várias formas. Formas estas que representam seu domínio sobre vários elementos da natureza, a sua essência é a liberdade inclinada à constante transformação".

Bethânia, emocionada ao final do desfile das campeãs, em resposta inteligente a mais uma pergunta tola, rogou para que Iansã nunca nos esqueça, pois sem ela não se anda! Pois Iansã é movimento. A mais pura e paradoxal expressão do movimento. É a senhora dos ventos, das tempestades, dos raios e trovões. Da mudança. Da transformação. Da impermanência. Por isso, sem ela não se anda.

A cantora, desejosa de homenagear a mãe, Dona Canô, tatuou uma rosa vermelha no braço em que empunha o microfone para que todos vissem. Revelou que a tatuagem é temporária, pois, por interdição religiosa, não se pode tatuar o corpo.

Outra demonstração de fidelidade a preceitos religiosos dada pela Estrela emergiu de uma interpretação do pessoal do dendê. Segundo eles, Bethânia desfilou no chão no dia de comemoração da vitória da Mangueira porque, caso viesse em carro alegórico, ficaria numa posição acima da cabeça de sua Iyalorixá, Mãe Carmem, que a assistia de um camarote. Isso não seria aceitável. Na versão da cantora, apresentada a jornalistas, houve um problema com o carro e ela não teria conseguido chegar a ele.

Cada um escolhe a versão que mais lhe sirva ou encante. Cá comigo, penso que Bethânia está certa em se preservar. A turma do dendê também, ao revelar o que pode fortalecer o costume. Tudo é enredo. Tudo é mistério em transformação.

Eparrey, Oyá! Eparrey!

LIBERDADE, PAR PERFEITO DA ARTE

Outro artista do rap nacional, Slim Rimografia, esteve numa programação global, no BBB 14. Parcela do público que o havia elevado ao céu revolucionário quis sepultá-lo no umbral dos vendidos ao capital. Talvez só o rapper Thaíde, quando participou da minissérie *Antônia*, não tenha sido tão policiado. Não teve a mesma sorte Edi Rock no *Caldeirão do Huck* e mesmo Alessandro Buzo e seu quadro semanal em jornal paulistano do meio-dia.

A Cia Capulanas de Arte Negra, cuja proposta é atuar nas periferias da cidade e oferecer arte para quem mora nesses locais, experimentou explosão de público da quebrada pós-divulgação no programa do Buzo. Até então, o público era composto por amigos, outros artistas, fãs de diversos pontos da cidade.

Depois da passagem pelo telejornal, finalmente, os moradores do bairro Jardim São Luís, cenário de muitas lutas e músicas do Racionais MCs, sentiram-se motivados a conferir quem eram aquelas mulheres que havia vários fins de semana iniciavam uma apresentação artística cantando e dançando na laje de uma casa. Naquele sábado, a Cia Capulanas, a despeito do desgaste físico e emocional de um espetáculo denso e intenso, resolveu apresentar-se pela segunda vez para atender a trinta pessoas que nunca haviam ido ao teatro.

Em contraposição aos artistas criticados, o público cita o escritor paulista Eduardo, autor de *A guerra não declarada na visão de um favelado*, que recusou convite para entrevista no *Programa do Jô*. GOG, ícone da velha escola, também é lembrado, pois desdenhou do convite da Globo para cantar em eventos da Copa no Brasil e fundamentou a negativa: "Não aceito o convite, não negocio com vocês, não me procurem mais, esqueçam o meu nome. Vocês patrocinam o apartheid brasileiro. Bando de racistas!".

Eu, mirando o mundo do rap de fora, fico imaginando as reações destemperadas, até coléricas, de alguns pares, agregados e coligados ao rap nacional, quando ouvirem o primeiro CD individual de Mano Brown com repertório dançante e romântico. Panela de pressão vai perder feio para a chiadeira da geral.

Arte e liberdade são sinônimas, caminham lado a dado, aquela depende desta. Artistas precisam ser livres para criar e fazer circular seu discurso estético e político (a política da estética escolhida) nos canais que julgarem convenientes para atingir o público desejado. Que venha o tempo em que artistas sejam responsabilizados por suas escolhas, no caso de serem caminhos ruins, de provocarem danos, de referendarem atitudes e discursos arbitrários, conservadores, reacionários, mas, apenas por isso, que não sejam crucificados pelas patrulhinhas de juízo de valor, dor de cotovelo ou umbigo ferido.

Dia desses, em show da Ellen Oléria no DF, uma quilombola paranaense comentava sobre uma conversa de palco entre a artista e GOG. Ele teria provocado o público ao proclamar que "A revolução não será televisionada". Ellen, visionária e anos luz à frente dos clichês, teria dito: "Enquanto eu estiver por lá, será televisionada, sim!".

ALGUMA POESIA PARA CHAMAR O SOL E SAUDAR AS ÁGUAS

No dia 17 de abril de 2016, durante a homologação do golpe contra Dilma na Câmara dos Deputados, quando a leoa Jandira Feghali se aproximou do microfone para votar contra o golpe com o rosto abatido, dolorido, destroçado, eu não aguentei. Abandonei a tevê e me refugiei no telefone.

Por que não atendi ao chamado do Paraguaçu para assistir a votação às suas margens? Era o que me perguntava. É que nunca, nem no pior dos meus pesadelos, imaginei aquele espetáculo de recolonização encenado pela casa-grande.

Parecia que Jandira ia chorar, e ela poderia ter chorado, sem perder um milímetro de sua força. Seria o choro represado por todas nós. Seriam lágrimas nossas como foi o cuspe de Jean Wyllys no deputado nazista.

Aliás, não tive forças para assistir o voto de Jean também. Eu o ouvi de longe enquanto buscava unguento para meu desamparo. Meu bote de salvação foi a lembrança de um professor de literatura que certa feita me disse: "Todas as vezes que morre alguém que amo, leio poesia. É a única coisa que me conforta".

Eu morri um pouco aquele dia. Minha ilusão de justiça social também. Precisava de salvação e busquei a poesia. Os foguetes e gritos de "fora Dilma" interromperam o torpor poético que aplacara em mim o desespero. Assisti um pouco mais daquelas cenas macabras que expuseram nossas vísceras apodrecidas ao mundo.

Voltei à poesia para continuar viva.

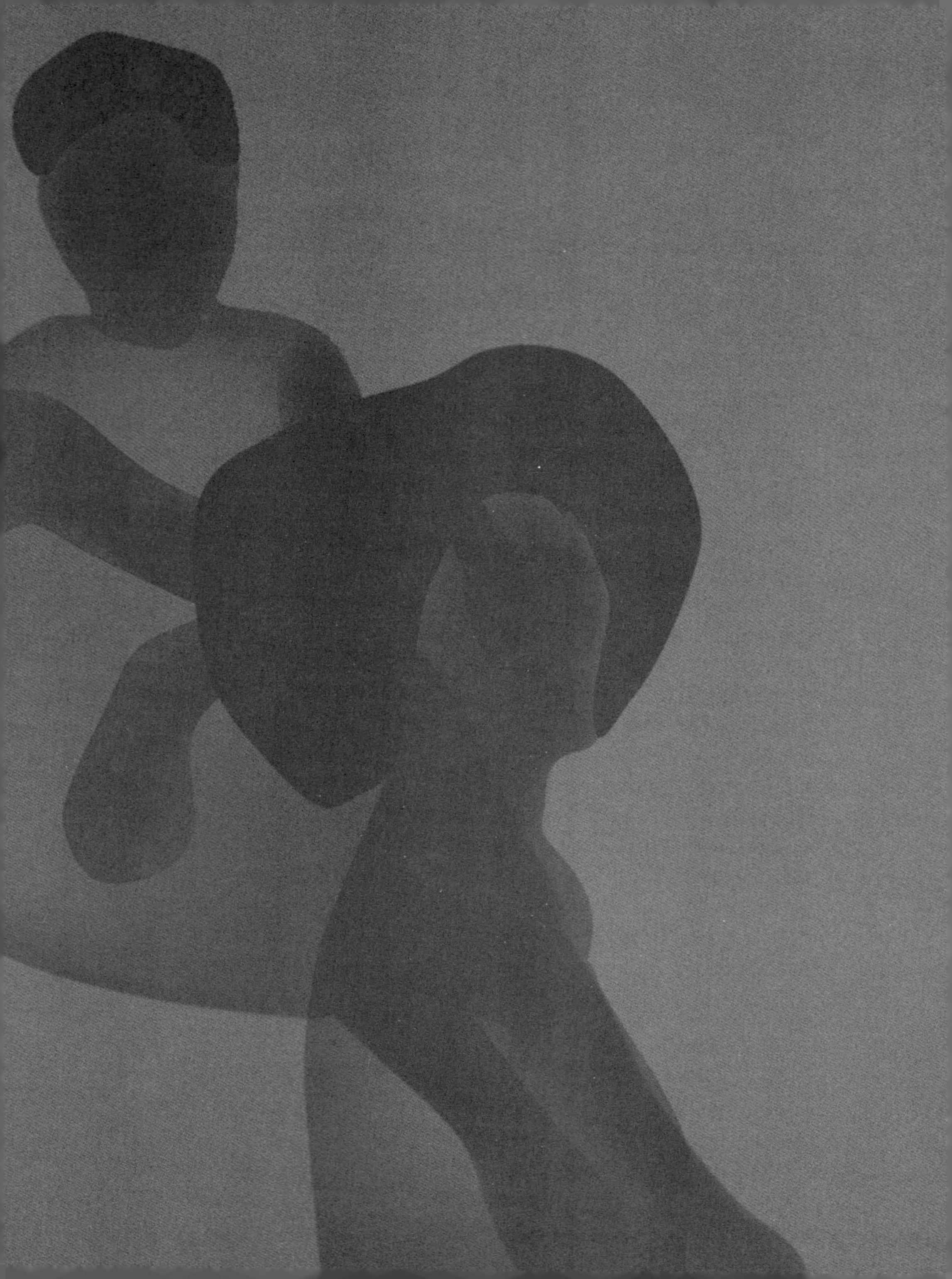

· *Posfácio*

EDUCAR AFETOS POR VIDA PLENA
Áurea Carolina

No prefácio à edição original deste livro, Sueli Carneiro abre a palavra chamando a nossa atenção para um traço de Cidinha da Silva que nos faz acreditar na força realizadora da autora: Cidinha não blefa. A sua obra intelectual está assentada no seu fundamento de vida, interpelando a literatura com um compromisso crítico que mobiliza o sentir e o fazer no cotidiano por uma estética da emancipação. Assim, a escrita de Cidinha não comporta excessos nem interdições, livre para desembolar o necessário papo reto de maneira firme, exigente e afetuosa.

Ao final de 2016, eu tive a grata oportunidade de participar junto com Cidinha e a historiadora Josemeire Alves de uma conversa que embalou o lançamento deste livro em Belo Horizonte, no interior sagrado da Igreja das Santas Pretas, localizada entre o morro e o asfalto, na borda da Vila Estrela com o bairro Santo Antônio. Vi as crônicas do #Parem de nos matar! nas cenas de paixão e conquista que estavam sendo pintadas por Cleiton Gos e Marcial Ávila nas paredes da igreja, narrando histórias extraordinárias de mulheres comuns do Aglomerado Santa Lúcia. Inaugurados em maio de 2018, os catorze painéis com a representação das Sete Dores e Sete Alegrias de Maria foram concebidos em um projeto iconográfico do padre Mauro Silva, liderança incansável na construção do Muquifu – Museu dos Quilombos e Favelas Urbanos, que também constitui o espaço da igreja.

Posso reviver a emoção daquela noite e o chamado ancestral que foi confirmado ali, elevado por uma poderosa simbologia, para que a continuidade da luta possa abalar as estruturas da morte com encantamento e beleza. Estávamos diante do amor invencível, da responsabilidade urgente de ir mais fundo nas nossas insuficiências e curar em comunidade nossas feridas indizíveis. O genocídio programado contra nós e a corrida insana atiçada por ódio e ganância não poderão nos aniquilar. Nosso levante deve saber identificar as ferramentas perversas do sistema para desconfigurá-las.

Eu acabava de ser eleita a vereadora mais votada de Belo Horizonte através da campanha coletiva da movimentação Muitas, ao lado da vereadora Cida Falabella. Logo quando assumimos a Gabinetona, nome dado ao nosso mandato compartilhado, pudemos experimentar um dos momentos mais marcantes da nossa atuação institucional, com a realização da oficina "#Parem de nos matar: um modo de educar os afetos pela leitura", ministrada por Cidinha. A oficina nasceu de uma provocação feita pela própria Cidinha, que me enviou já nos primeiros dias de 2017 uma proposta cuja ementa dizia o seguinte: "Serão trabalhadas a manufatura do livro e todas as decisões tomadas para estruturá-lo como documento de registro dos afetos envolvidos no extermínio da população negra em curso no Brasil contemporâneo e sua resistência".

A atividade, inicialmente voltada para a equipe da Gabinetona, foi aberta para outras assessorias parlamentares e, principalmente, trabalhadores da segurança e dos serviços gerais da Câmara Municipal de Belo Horizonte. Tínhamos a intenção de estabelecer vínculos com esses trabalhadores, majoritariamente pessoas negras, desde uma vivência de letramento racial que acolhesse todas nós. Era preciso quebrar muitas barreiras simbólicas, uma vez que a diversidade de corpos e as práticas políticas da Gabinetona contrastavam com a lógica convencional daquele lugar, e em grande medida essa mudança ocorreu. Cidinha conduziu uma tarde inspiradora, ocupada por muitas vozes, decisiva para que a equipe da Gabinetona e aqueles trabalhadores pudessem se conectar e se relacionar a partir de então com mais empatia e respeito.

Foi um belo encontro. Eu não podia imaginar que pouco mais de um ano depois estaria no velório de Marielle Franco, nossa querida irmã, desolada por imensa dor. Hoje, no marco de um ano da execução de Marielle, a certeza dos caminhos abertos pela generosidade e pelo exemplo de tantas lutadoras que vieram antes de nós, e que Cidinha encarna sem blefe, me oferece mais recursos emocionais para lidar com essa difícil travessia. Essa educação dos afetos, chave da sabedoria ancestral que nos ampara, é a única possível para sustentar uma transformação profunda e duradoura em nossa sociedade. Para que o horror praticado pelo *Boko Haram* não se repita. Para que Cláudia, DG, Marielle e os meninos do Morro da Lagartixa estejam presentes. Para que o chão do Cabula seja honrado. Para que a mídia seja plural e democrática. Para que a segurança resulte da justiça social. Para que a juventude negra possa dar seu rolezinho. Para que o carnaval e os salões de beleza revelem nossa potência. Para que tenhamos coragem, alegria e saúde para seguir marchando por vida plena.

TAMBÉM DE CIDINHA DA SILVA

· **Obras autorais de literatura**
Cada tridente em seu lugar (crônicas, 2006, 3ª reimpressão)
Você me deixe, viu? Eu vou bater meu tambor! (crônicas, 2008, esgotado)
Os nove pentes d'África (novela, 2009, 4ª reimpressão)
O mar de Manu (conto para crianças, 2011)
Oh, margem! Reinventa os rios! (crônicas, 2011, esgotado)
Racismo no Brasil e afetos correlatos (crônicas/textos opinativos, 2013, esgotado)
Baú de miudezas, sol e chuva (crônicas, 2014, 2ª reimpressão)
Sobre-viventes! (crônicas, 2016)
Canções de amor e dengo (poemas, 2016, esgotado)
O homem azul do deserto (crônicas, 2018)
Um Exu em Nova York (contos, 2018, 1ª reimpressão)
Exuzilhar: melhores crônicas de Cidinha da Silva (crônicas, 2019, vol. 1)
Pra começar: melhores crônicas de Cidinha da Silva (crônicas, 2019, vol. 2)
Kuami (romance para crianças, 2019, 2ª edição)

· **No prelo**
Amores entre iguais: melhores crônicas de Cidinha da Silva (crônicas, vol. 3)
O teatro negro de Cidinha da Silva (dramaturgia, 2019)

· **Organização**
Ações afirmativas em educação: experiências brasileiras (ensaios, 2003)
Africanidades e relações raciais: insumos para políticas públicas na área do livro, leitura, literatura e bibliotecas no Brasil (ensaios, 2014)

· **Coautoria**
Colonos e quilombolas: memória fotográfica das colônias africanas de Porto Alegre (2010)

· **Outros suportes**
Coleção de roupas *De amor e dengo*, por Renato Carneiro, inspirada no livro *Canções de amor e dengo* (Katuka Africanidades, 2018).

Este livro foi impresso em outubro de 2019, na Assahi Gráfica e Editora, em São Paulo. O papel de miolo é o Pólen Soft 80g e o de capa é o Supremo 250g. As tipografias utilizadas foram Minion Pro, Velodrama e Ubuntu.